情緒，如何療癒

WINNING OVER YOUR EMOTIONS

H. NORMAN WRIGHT

憂慮、憤怒、壓力和憂鬱的15個情緒解答

諾曼・萊特——著
H. NORMAN WRIGHT
劉如菁——譯

目錄

第三篇　給壓力的解答

第四篇　給憂鬱的解答

第一篇

給憂慮的解答

憂慮就像霧，它遮蔽現實，它冷冽像能鑽進骨頭裡，它遮斷了溫暖的陽光。假如我們能穿透憂慮的濃霧，看得見未來，就能看見我們真正的問題在哪裡了。

01 憂慮是什麼？

或許，在地球上的生靈中，我們是獨一無二會憂慮的動物。我們一邊生活一邊擔憂著，害怕未來，不滿足於當下，無法接受步入死亡的觀念，不能夠靜靜地坐著。

——湯瑪斯（Lewis Thomas）

憂慮：沒有限制也沒有界線。窮人擔心賺不到錢，有錢人擔心守不住錢。只要你容許它，憂慮會跟你一輩子，年齡對它不是問題。

你看過大霧瀰漫吧，那種霧狀的濕氣籠罩下來時，空氣變得冷冽，連你的頭髮也因潮濕而扁塌。但是，你可知道大霧裡實際的水分有多少？一片籠罩七個街區、高達一百英呎的濃霧，實際的含水量可能不到一杯！沒錯，假使能把那片霧——使交通慢到像蝸牛爬行的速度、使你看不見對街那棟大樓的濃霧——的水分擠壓出來的話，拿一個玻璃杯來裝就夠了。《幫助憂心人》（*Helping Worriers*）的兩位作者指出：

> 憂慮就像霧，它遮蔽現實，它冷冽像能鑽進骨頭裡，它遮斷了溫暖的陽光。假如我們能穿透憂慮的濃霧，看得見未來，就能看見我們真正的問題在哪裡了。[1]

界定問題

你會怎麼界定憂慮？它跟焦慮（anxiety）或懼怕（fear）有何區別？當你感到焦慮時，你的身體會有反應，通常是肌肉緊繃、心跳加速。曾有人把憂慮界定為焦慮的思想部分，憂慮是一連串充滿情緒的想法與畫面——但全都是負面的。那些想法雖然很少是不能加以控制的，但其焦點全在不確定的結果上。憂心忡忡的人毫不懷疑地深信結果將是負面的。

英語「憂慮」（worry）的字源意思是「掐住」或「使窒息」，憂慮是我們碰到懼怕、禍患，或困難時所產生的不安、窒息的感受。當我們為各種情況感到憂慮的時候，看未來是一片愁雲慘霧，想到的都是最壞的結果。

別忘了，基本上，憂慮是把焦點擺在未來。憂慮是不必要的操煩和心神不寧，使我們心煩意亂和胃痛。梅約診所的艾瓦雷茲醫生說：「胃病的患者有八成起因並非器質性的（organic），而是功能性的……我們絕大多數的疾病都是由恐懼和憂慮引起的。」[2]強烈的憂慮之於我們思想的影響，大概就像在火藥工廠裡劃一根火柴吧。

我們家養了兩隻黃金獵犬，我們不讓牠們啃骨頭，因為那對牠們並無益處。但你看過咬著一根骨頭的狗嗎？對這種有啃骨上癮症的狗，我們用一個詞形容：牠為骨頭「憂慮」。牠白天啃晚上也啃，就是放不掉，假如你嘗試把那根骨頭拿開，牠會對你吠叫。牠想找肉吃但通常只找到軟骨、骨頭和骨髓。那狗會把牠的骨頭埋起來，然後把它挖出來再啃一啃，即便上頭沾滿了泥土和落葉。隨後牠又再把它埋起來，然後重複上述過程，一遍又一遍。擔憂者就像這樣：他們咬著啃著他們的憂慮，把它埋起來，再把它挖出來，埋起來，又再挖出來。

在我們裡面的戰爭

憂慮就像在我們裡面發動一場無聲的戰爭。約翰．哈該（John Haggai）是這樣形容這場衝突的：

憂慮會分化情感，所以情緒欠缺安定性。憂慮會分化理解力，所以信念變得淺薄而易變。憂慮會分化知覺力，因此所觀察的靠不住，甚至是錯誤的。憂慮會分化判斷力，因此態度和決定往往不公正，而那些決定導致傷害與傷心。憂慮會分化果斷力，因此計畫與目的若非全盤「粉碎」，也會續航力不足。[3]

憂慮是把想法變成有毒的思想。憂慮被形容為滴水穿石，恐懼一滴一滴迂迴腦海直到切穿一渠道，使其他思想全部流乾。

憂慮使人害怕有什麼事即將出現，當你憂慮的時候，滿腦子都在想關於自己的某件事，心中的憂慮往往無法對外人說。有此傾向的人，常在崩潰邊緣徘徊，無法完全放鬆。

事實上，擔憂者應付壓力或煩惱的能力不如別人，他們常過度苦惱。憂慮被稱為壓力的燃油系統。當你憂慮，就是當你已經夠煩惱的時候，又多操心幾種最糟糕的結果，而你不能確定會發生哪種情況。

擔憂者一生的召喚是：會出錯的地方，他都想要檢視一下。他就像在快速道路上碰到一場嚴重的車禍，現場很可怕，但他必須得瞧一瞧。為什麼？因為害怕加上好奇。他們這類型的人就是會把手探進一個洞裡或箱子裡，摸摸看裡面會不會有什麼咬人的東西。他沒法置之不理。

憂慮就像一塊磁石，吸引擔憂者靠近。或許我們都有興趣想知道這一生會碰上什麼問題，種種可能性令我們著迷。當發現一個可能性的時候，我們就加上一連串「要是……怎麼辦」的念頭。[4]

憂慮是一種特殊種類的懼怕。要製造這種憂慮，我們用兩件事把懼怕加長——期待與記憶。然後用我們的想像力催油、用情緒餵飽它。這樣，我們就憑空製造一堆事情來憂慮了。[5]聽過「劫難」這個詞吧，擔憂者想像的就是這個，他在腦海中製造出所有最壞的可能結果。[6]

你知道憂慮會影響你的睡眠嗎？有些人傾向一直一直睡，彷彿要從憂慮的疲累中獲得休息似的。但是對絕大多數人來說，憂慮比較可能造成失眠。你那充滿憂愁的腦袋裡各種思想翻騰奔馳，擾亂你不得放鬆、無法入睡。

憂慮時你的身體出現的狀況還不止這些，你可能沒察覺到，但確實存在，需要用腦波圖你才會看到。這項檢查可顯示人們在憂慮時腦波出現的變化。憂慮的時候，幫助人放鬆的腦波真的會變少。事實上，他們的大腦皮質活動會增加。

當你過度擔憂時，你的大腦也深受影響。你越擔憂某件事（我是指一天好幾個小時，週復一週），你大腦的「轉換站」就會像卡住似的。還記得當你腿部肌肉抽筋，怎樣都無法紓解的情形嗎？你的大腦放不掉那些憂慮，就像在抽筋一樣。你越擔憂就越在大腦刻出溝紋，憂慮就越找到安居之處。這就是為什麼別人跟你說「別擔心」、「放輕鬆」一點用也沒有。

假如你碰到一件令你非常生氣的事情，會如何呢？那麼整個生理過程就更明顯了，你的身體會採取行動，分泌各種賀爾蒙和其他物質來反應這個創傷。這樣一來，憂慮就更「烙印」在大腦了。它真的附著在腦部，改變了你大腦的物理狀態，而且實際上也能使你大腦的化學作用產生變化。[7]

憂慮和焦慮

若說懼怕和憂慮是近親，那麼憂慮和焦慮的關係就更親了。憂慮和焦慮都是指：在充滿恐懼和壓力的情況下，內心產生的煩亂不安。希臘文將憂慮描述為各種相反的力量拉扯，像要把一個人撕開似的。

我們都會擔憂；那是天生的。但是，許多基督徒擔憂過度以至於落入痛苦中。他們的擔憂超過了煩惱的程度，對實際生活已構成妨礙。

合理的害怕和擔心在我們生活中有其位置，有時現實情況確實會引起某種程度的焦慮。並非所有的焦慮都是不好的；有時候也有加分的作用。如海德醫生（Dr. Quentin Hyder）於《基督徒精神病學手冊》（*The Christian's Handbook of Psychiatry*）書中所言：

一點正常劑量（的焦慮）可提升表現。運動員若少了它，就不能把實力完全發揮出來。相較於無競爭刺激的環境，在充滿競爭的世界反而能把事業做得更旺。焦慮確實能強化專注力和激發想像力，從而產生出更多創意。它挑起興趣又能培養野心，它保護人避免危險。[8]

從焦慮的積極面看，它是神所恩賜的一種本能，使我們在恐懼的環境中保持警覺，準備隨時作出適當的反應。但是，把一件掛心的事變成有毒性，就叫憂慮了。發自內建的警覺系統而形成的合理反應，可在需要時發揮作用，但是憂慮卻像關不掉的汽車警示系統，會把駕駛煩到抓狂，簡直想把車開去撞牆！

今天這世界上有許多疾病，但憂慮是自古就有的——一種想像力的疾病。它就像一種病毒，一點一點的，在你不察覺的時候占據和控制你的生命。它就像在夜裡摸黑上岸的軍隊入侵，最終控制整個國家。發生那種情形時，你想照你的方式生活的能力就被削弱了，瑞典有句俗話說：「憂慮使一件小東西投射出巨大的陰影」。

容我重申，我們碰到麻煩時會擔心，這是正面的，我們要懂得把它跟憂慮與焦慮產生的負面影響，區分來看。

李爾（Earl Lee）牧師舉例說明二者差異：

> 憂慮就像汽車在空檔時引擎空轉，踩油門、發出引擎聲、排車煙，車子卻不動。但合理的擔心……則是排到低檔把車開出去，朝目的地前進。你告訴自己說，你要運用神所賜給你的能力，設法改變那令你煩惱的環境。[9]

憂慮令你動彈不得，不採取行動。但是合理的擔心則使你起來克服問題。

聖經裡有許多經文描述恐懼、憂慮和焦慮的後果，但也有許多其他經文揭示一個免於憂慮的人生，會結出許多正面的果實。請注意看以下經文所做的對比：

> 我聽見耶和華的聲音，身體戰兢，嘴唇發顫，骨中朽爛；我在所立之處戰兢。（哈巴谷書3:16）
>
> 人心憂慮，屈而不伸；一句良言，使心歡樂。（箴言12:25）

心中安靜是肉體的生命。（箴言14:30）

困苦人的日子都是愁苦（因為有各種焦慮的念頭和不祥之感）；心中歡暢的，常享豐筵（不論環境如何）。（箴言15:15）

喜樂的心乃是良藥；憂傷的靈使骨枯乾。（箴言17:22）

心中喜樂，面帶笑容；心裡憂愁，靈被損傷。（箴言15:13）註

註：本書所用聖經版本：《新譯本》，環球聖經公會，書中簡稱「新譯本」；《新普及譯本》，漢語聖經協會，書中簡稱「新普及」；《和合本修訂版》，香港聖經公會，書中簡稱「和合修」；《當代譯本修訂版》，國際聖經協會，書中簡稱「當代修」；未特別指明為上述版本者，皆為《新標點和合本》，台灣聖經公會。

02 你在憂慮什麼？

大家都在擔憂什麼啊？這個答案應該十拿九穩：擔憂**每一件事情**。柯萊恩與賽福德博士（Dr. Samuel Kraines and Eloise Thetford）認為，憂慮大致分成三類：

1. 必須想辦法解決的不安情況——例如，想辦法賺錢買食物、付房租或醫療費用。
2. 一個人無法控制的不安情況——例如，一個因癌症面臨死亡的母親；一個通常準時到家的女兒，卻遲了五小時還不見人影；或是兒子服役的遠方爆發戰事。
3. 不重要、不要緊、每天生活中的小問題，不需要太多注意，更犯不著去「憂慮」的小事。人們為每日生活的枝微末節「憂慮」，虛構一堆嚇死人的可能性，然後自己在那邊焦躁不安。家庭主婦「憂慮」她不能像以前那樣把房子維持得一塵不染，把衣服燙得硬挺平整，或是廚藝不如以往。男人「憂慮」他最近工作表現不佳，會被「炒魷

> 魚」，然後「帳單付不出來」。可憂慮之事多得不可勝數。憂慮不僅僅是一種憂心忡忡的感覺，更是一種沒有用、沒有希望、結果會叫人害怕的壓倒性感受。[10]

強烈擔憂某件事可能會發生，不但一點也不能防止，反倒會促使它發生。一位年輕的神學生等著上台傳講他的第一篇證道，他反覆思想等下要講的內容，想著想著開始擔心會不會忘詞、吃螺絲、沒能把自信的一面呈現出來。他繼續這樣憂慮時，就彷彿看到自己失誤的樣子。於是當他站上去證道時，真的就犯了他所擔心的那些錯誤！

假如你跟他說，不應該為他的講道憂慮，他會回你：「我有充分的理由憂慮，畢竟，我所擔心的那些問題都是真實的，也確實發生了，不是嗎？我是應該憂慮的啊。」他不明白的是，其實他的憂慮幫了倒忙。他要為自己的失敗負責，他花太多時間看自己失敗的樣子，卻沒有真正去預想自己做到了，或克服恐懼的模樣。

心裡怎樣思量，為人就是怎樣

這裡講的原則是，如果你把時間花在看自己會失敗的樣子，那麼你很可能會在實際表現上複製那例子。其實因為你的負面思考，所以反而把自己限定在負面表現裡。最經典的例子是，成天擔心會得胃潰瘍的人，過不了幾個月，他的憂慮獲得回報，他真的得了胃潰瘍。每次上快速道路就擔心會發生車禍的人，非常容易發生車禍。他們比別人更容易發生車禍的原因是，他們不斷地在預想車禍。

然而，假如你把同樣多的時間和精力，放在如何克服你所預期的失敗，並預想你的成功上，而不是一直去預想你會失敗，那麼你的表現肯定會更好。箴言二十三章七節告訴我們，我們心裡怎樣思量，我們為人就是怎樣。

恐懼、憂慮和焦慮的最後結果都是負面的、自我挫敗的、令人無奈的。憂慮為我們做了什麼呢？有任何正面的結果嗎？把你擔憂的事一條條寫下來，然後具體描述到底有什麼成果，包括已經達成的和將會達成的。憂慮解決了問題嗎？還是製造更多問題呢？

當你為一個真實或想像的問題憂慮的時候，通常反而妨礙你有效地解決問題。換句話說，憂慮本身就是一個大問題。

你享受憂慮嗎？憂慮本身似乎有某種吸引力。比起歡樂，痛苦似乎更能立刻抓住我們的注意力。或許憂慮有一點像看恐怖電影：有點叫人興奮，同時又有娛樂性。或許當你憂慮時，會獲得某種刺激。你的思想貫注其中，鎖定目標，就像雷達在搜索追熱飛彈。

一種保護機制？

你可曾把憂慮想成一種保護機制？對某些人來說的確如此。彷彿大腦中的憂慮區發生痙攣，緊抓著所認知的問題不放，無法換個角度看。也不管有什麼好消息，反正都聽不進去。憂鬱的人常轉而擔憂這擔憂那。如果你有強迫症的情況，憂慮會如海浪一波波襲來，似乎阻止不了。如果你受過重大創傷，憂慮會恆常伴隨著你。

解決辦法之一是，首先盡可能認識關於憂慮和焦慮的一切知識，不要逃避它，也不要相信不能克服它。你可以克服的。

有時**採取行動**比屈服更有助於拋開憂慮。如果你所憂慮的事情需要某個行動，那就採取行動吧。坐而不動會使憂鬱症加重，也會助長憂慮。

也許你曾在影片看過戰鬥機的座艙，絕大多數戰鬥機都靠飛彈作武器。駕駛員眼前的銀幕顯示敵機位置，駕駛員就引導他的飛機航道好讓飛彈對準，此時銀幕會閃示「飛彈鎖定」信息，飛彈即鎖定敵機，直到發射摧毀它。

同樣的，這憂慮叢集（worry cluster）似乎會鎖定問題不放，接著發出警示訊號給大腦前額分析那憂慮，然後大腦前額回傳訊號給叢集，說：「我現在很憂慮。」叢集的警示就更提高，又回傳訊號給前額，就這樣一來一往形成循環不止的迴路。大腦被憂慮控制住，關閉你對生活其餘層面的知覺。

生理學的角色

許多人的憂慮是選擇或學習來的，但從生理學也可看出端倪。一份由美國國立精神衛生研究所的莫菲博士（Dr. Dennis Murphy）與德國符茲堡大學的萊茲（Klaus-Peter Lesch）醫師所做的研究指出，有一種血清素的基因可調節人體化學物質。

以下這則訊息可能令你大吃一驚，但另一方面你可能會說：「我老早就知道了！」有這基因的人，可能傾向於憂慮。有些人還真的會自尋煩惱，因為他們不憂慮的話就會感覺少了什麼。

我們一出生就接收一遺產，事實上，是在出生之前就被賦予這份發展中的遺產。就好像坐下來讀一份遺囑而發現原來我們接收的是什麼樣的遺產，有一部分能使人生更豐富、更順利，有些則完全相反。

也許你繼承的是容易害羞，或者你的神經系統和架構非常容易受驚和緊張。有些人的憂慮觸動機制細微如髮；非常輕微的一碰，就引爆。有些是多年的練習才發展成那樣，但有些則是天生的。

技師組裝電腦、零件和其他電子設備，組裝線路方式各有不同，我們也是如此各有獨特的受造。我們生下來各自帶著獨有的個性特點（就好比線路架構），有些人的線路架構是外向型，有些則是內向型。有些人很有條理、很有組織，有些人則是走出前門就找不到汽車停在哪兒。

精神科醫師哈洛威爾（Dr. Edward Hallowell）把我們的情況描述得非常精闢：

憂慮似乎繼承一種神經系統上的脆弱性，任一生活事件都可能觸發它……有些人天生有自信，有些人天生沒安全感，有些人天生冷靜鎮定，有些人天生古靈精怪，有些人容易一頭栽進去，有些則是有所保留，這些都是與生俱來的傾向。也許你生來就有某種特點，可能天生就有一種脆弱性，後來隨年紀增長，面對人生種種壓力而發展出來。[11]

然而，請先別急著說：「對，就是這樣。這就是我憂慮的原因：沒辦法嘛！是基因的關係，基因決定了我會這樣，既然我努力也改變不了，那又何必努力？」請先思考以下事實：

1. 沒有人能確切地說這就是原因。

2. 這種體質也是能夠被個性和人生經驗修改的。我們的經歷和所學到的生命功課，都會影響一個基因表達的強弱，並且（這是重要的因素），經驗與訓練確實能改變此一基因的表達。不管我們為了什麼原因而憂慮，都能學習把它對生活的影響控制到最小。作為基督徒，我們有最佳機會學習控制憂慮，因為有信仰作為我們的資源。[12]

焦慮

前面提過焦慮，但讓我們進一步看看它跟憂慮的不同在哪裡。焦慮是緊跟著一逼近事件而來的心神不寧，既痛苦又擔憂。那是一種充滿恐懼又影響全身的反應，包括使身體冒汗、肌肉緊繃、脈搏加速、呼吸急促。此外也伴隨一種懷疑感，既懷疑那威脅的真實性，也懷疑一個人應付威脅的能力。

我們都曾經焦慮，但是當它干擾到生活方式，就叫**焦慮症**（anxiety disorder）了。焦慮大多是自己造成的，但它是怎麼發展的？事實上，它傾向於在家族中流轉，像憂慮一樣，似乎有某種基因上的傾向，導致人容易憂慮。你的環境也扮演一個角色。這可能包括某一家族成員本身是個擔憂者，因此提供你一個角色典範，或家人期待你各方面都有完美的表現，或童年時遭到某種形式的遺棄，等等。

生物化學上的影響也可能導致焦慮。有些在成長過程中發展出的個性特點，也可能是焦慮症的原因，包括高遠的期待，以及需要獲得每個人的贊同。當你的心思都放在這些事上，你的生物化學作用就受到影響而使你更容易焦慮。

我們稱此為**腎上腺素反應**。有一訊號傳至你大腦，啟動警報系統，於是你的身體就分泌一種叫腎上腺素的賀爾蒙。（反應過程這才剛開始而已。）你的神經系統收到警訊，出問題了，有危險出現或可能出現。於是身體分泌皮質醇，這些刺激物開始流到你全身。

這個生物化學反應**並不是**中樞神經系統機能失常，它完全是正常的反應。事實上它是你求生機制的一部分。假設有個戴面具的人闖進你家，你全身會被因收到壞人入侵的訊號而立即作出反應，腎上腺素和皮質醇會開始奔流你全身。神創造你時給了你中樞神經系統，一收到這些刺激就會做出反應，「逃跑或戰鬥」的反應。

現在你準備好了，不是挺身自衛，就是盡快逃跑。你的系統已作好求生存的準備。這是一個機能健全的系統試圖保護自己時所做出的適當反應。你是正常的，你的身體已經採取行動，只要接到指令就立即保護你。

你曾有過「在腦中被激怒」的經驗嗎？你在大腦裡創造一個差不多和真實人生一樣的場景，於是身體也發生相同的反應，就像你真的碰上戴面具的闖入者一樣。

你的心跳開始加速，傳送氧氣給你的大腿和手臂肌肉。你的胃因血液迅速移往他處而收縮。如果你長期感到胃部不適、噁心或痙攣，你可能想：「萬一得了胃癌怎麼辦？」血液往你的手臂和大腿衝，你的手腳因血流減少而導致指頭和腳趾冰冷，你覺得有點刺痛，這樣一來你就會想：「萬一是多發性硬化症怎麼辦？」你一邊想時感到心臟一陣猛烈的撞擊，你又想：「不會吧，會不會是心臟病？」血液衝向你的頭部，導致你暈眩，於是你想：「萬一得腦瘤怎麼辦？」你不知道該拿那被過度刺激的系統怎麼辦才好，於是你就任其作用，這樣，你距離恐慌症僅一步之遙了。[13]

可曾焦慮到不知何去何從，完全失去判斷力？或許你曾覺得：「不會吧，我是不是精神錯亂了？我快發瘋了！」你會想把這種迷惑感甩掉，因為你覺得那是很不好的。但實際上，它是健康的反應，可助你調適情況。當你跟過度焦慮或任一種恐懼症搏鬥時，就會經歷這些反應。這是你的大腦想從你的情緒負荷過重之下，稍作休息或放個短假。

在危機或創傷中，一個人的正常系統就會關閉而進入溫和的震驚狀態。系統需要關閉的原因是，因為發生太多狀況，一下子沒辦法應付，感官無法處理全部的狀況。

當你過度焦慮時，也會發生相同情形。這是一種腎上腺素的反應。它持續個幾小時就過去了，不會對你造成傷害。這時你不要把焦點放在你的恐懼上，那只會製造更多腎上腺素，你反而要告訴自己：「沒事的，我這樣是正常的，上帝創造我的身體時給我這樣的反應。這是在保護我，不讓我一次受到太多事情的衝擊。」

或許你會問：「假如我觸動了這個化學反應，該怎麼辦？」你可以逆轉它。拿一支筆和一張紙，寫東西。刻意去做一些讓你樂在其中的事，找完全不同的事來做。

個性與焦慮

接著來思考一些可能助長焦慮的個性特點。

完美主義是兇手之一。完美是不可能的事，那是在練習挫敗。我從未見過一個成功的完美主義者。你可以拿同樣的精力去發展高標準和追求卓越，完美主義者永遠不會滿足，但若以**達到卓越**為目標，那是可以做到的。當你知道自己盡了全力，就可以獲得一種享受感。請把你的活力和精力朝向安然地接受這個事實：沒有什麼是完美的，而且永遠不會達到完美。

另一個兇手是，你怎麼解釋內在的感受。假設你決定去泛舟，抵達激流地點看見翻騰的水流和水花，你心跳加速，手心冒汗，而且覺得呼吸困難。這時你對自己說什麼？你可以說：「我好害怕，我會溺水的，而且沒人找得到屍體！」你內心充滿懼怕，你驚恐不已。

或者你可以說：「也太猛了吧，好興奮呀，來這裡真的來對了！雖然我心跳得很快、手心也冒汗，但是沒有關係。」這樣說你就會覺得**興奮**而非害怕了。[14]

還有一個簡單的方式可解決這些令人憂慮和焦慮的「萬一」：只要把每一個焦慮或擔憂的「萬一」念頭轉為正面的即可，舉例如下：

- 「萬一我永遠克服不了憂慮，怎麼辦？」轉為「如果我克服了憂慮，會怎樣呢？」
- 「萬一我想不起來該說什麼，怎麼辦？」轉為「如果我該說的話一個字也沒忘，會怎樣呢？」
- 「萬一我搞砸了，被開除，怎麼辦？」轉為「如果我做得不錯，保住了工作，會怎樣？」
- 「萬一我永遠不能停藥，怎麼辦？」轉為「如果我不必再依靠藥物，會怎樣？」
- 「萬一那些新人不喜歡我，怎麼辦？」轉為「如果新人真的喜歡我，會怎樣？」
- 「萬一這次考試沒過，怎麼辦？」轉為「如果我通過考試，成績優秀，會怎樣？」

負面的思考方式製造更多憂慮和焦慮；正面的思考方式創造期待、興奮和希望。

取代的原則

還有一個處理焦慮的方式，就是**反擊**你那些負面思想。這叫取代原則。沒錯，需要花點時間和精力反覆練習，但肯定會有效果的。

以下是幾個典型的負面思想例子，以及你如何挑戰它們而轉為正面思想的一些建議：

負面：這種恐慌的感覺到底什麼時候才能克服啊？有時候我一想就好害怕，覺得精力都被抽乾了。」

正面：我正在努力克服恐慌來襲。恐慌感難道會傷害我嗎？不會。它們想來的時候，就讓它們來吧，反正總會離開的。

負面：我覺得我的焦慮正在控制我的人生，我討厭這樣，我覺得被困住了。

正面：好吧……只是焦慮而已，沒什麼大不了。焦慮是人生的一部分。我表現得越來越好了。我正在學習控制它，這個禮拜比上個禮拜控制得更好了。雖然還需要花一段時間，但是靠主幫助，我終必能戰勝它。

負面：今天我哪兒都不想去。萬一我生病怎麼辦？

正面：有這種感覺是正常的，我已經很久哪兒都沒去了，我不會生病的，我沒事。我很好。我要把焦點放在如何充分享受這次出遊，絕對不會像我預期的那麼糟。

負面：有時我覺得不可能控制住我的焦慮和憂慮，就像習慣已經根深蒂固了！

正面：看看我已經有進步了。想想六星期或幾個月前的樣子！我表現得還不錯，我能為已經發生的改變感謝神。

負面：那人為什麼對我發那麼大的脾氣？我做了什麼？還是我說了什麼？

正面：我不要把這事看得太認真。我怎麼知道他是在對我發脾氣？我並不知道啊。如果他真是在生氣，那是他的事，不是我的。如果是我的問題，必須由他來告訴我。

負面：萬一我嘗試新工作以後不喜歡，或是表現不好，怎麼辦？我會非常難過的。

正面：嘗試就是一項成就！如果做不來，起碼我有把握住機會。這本身就是全新的、積極的一步。

負面：這些焦慮感使我覺得好像快精神錯亂了，真的好討厭這種感覺。

正面：我知道這些感覺的起因。我知道我有點情緒低落，應該是這兩天我沒吃什麼的關係。不值得為這個焦慮，我會漸漸感覺好起來的。[15]

焦慮的起因可能是不自覺的感受，但焦慮卻是一種有意識的行動，由於選擇了一種無效的調適方式。章伯斯（Oswald Chambers）曾說，我們的煩惱和憂慮都是因為不倚靠神而自行謀劃所引起的。當我們選擇為一件事憂慮，就暗示對神缺乏信靠。而既然聖經明白地指示我們**不要**憂慮，因此對神缺乏信靠，當然就是一種罪。但是不要忘記，當一個人天生有傾向憂慮的基因，那並不是罪，是由於亞當犯罪以致人性受到扭曲的後果。這裡所談論的問題是，不願意選擇去學習如何減輕或克服憂慮。

強迫症

最強烈的表達憂慮的方式，是強迫症（Obsessive Compulsive Disorder，簡稱OCD）。憂慮像暴君似的控制整個思想！某些想法進入你的腦子，你怎樣都趕不出去。強迫症使人產生各種各樣、不請自來的強烈念頭，令患者深陷其中無法自拔。有時他覺得被迫進行一些通常能避免特定後果的慣例，好比關水龍頭關個五次以上，所有的門都要關上，桌上的紙張要完美地對齊擺好，架上的玻璃罐間隔要完全一致，諸如此類。

美國人當中有強迫症的約占百分之一到三，從某方面而言，強迫症者所感受到的是絕大多數人都會有的恐懼和憂慮，只是更強烈，而且他們的生活完全被這些恐懼宰制。拉波珀特（Judith Rapoport）於其書中（*The Boy Who Couldn't Stop Washing*）將強迫症做了非常好的描述，今天對於強迫症已有幾種不同的治療方式，如欲深入了解強迫症的問題，請讀絲特凱缇博士（Gail Steketee）和懷特醫師（Kevin White）合著的書（*When Once Is Not Enough*，New Harbinger 出版）。

處理強烈的憂慮或焦慮的方式之一，是跟你的恐懼正面迎戰。越是逃避，那些恐懼就越增大，最好的辦法就是直接面對它們。棒球中的內野手有個守備原則：「去殺滾地球，不要讓滾地球來殺你。」意思是內野出現滾地球時，內野手務必立即上前乾淨俐落地把球接住，絕不可先後退而試圖預測球的反彈路徑，反應要恰恰相反。（你可不希望任憑不可預測的反彈角度擺布，那就叫「讓滾地球來殺你」。）你要上前**攔截**——不花太多時間思考而直接採取行動，就叫攔截；在你有機會使自己想太多而失誤以前，就把球接住。

其他解決之道

如果你真的很怕某件事，不妨試著讓自己暴露在那之下，一次一點點，直到你感到舒適自在為止。多年前有位婦女來問診，她怕地震怕得要死，而加州地震頻仍，就像一年有四季一樣是必然的。由於她曾在七〇年代初遇上雪爾馬大地震，飽受精神創傷，她每一天都在擔心會碰上另一次大地震，害怕到十年來都不敢看報紙、聽廣播、看電視新聞，只為了避免再聽到有關地震的任何消息。但這樣做無濟於事，反而使恐懼更加重。

最後她終於明白這樣下去不是辦法，於是來求診。我們一起努力了好幾個月，每一週都談一點有關地震的事，她慢慢地學習面對而非躲避。後來她可以自己去圖書館借一本有關地震的書，並且把書看完，這才從諮商門診畢了業。她明白這一生將經歷更多次地震，而且每一次地震來，她都得面對，但是現在她根本不需要憂慮下一次地震會如何。她慢慢地但持續地面對她的恐懼，就這樣漸漸脫離恐懼的魔掌。

當憂慮或焦慮非常強烈的時候，有時服用藥物可幫助焦慮或憂慮的大腦踩煞車。藥物並非萬靈丹，只是幾種治療法之一，需在醫生的指示下按照處方服用（有的處方是連帶一位諮商師或治療師問診）。**絕對不可自行用藥**。

有哪些藥可用呢？也許你聽過煩寧錠（Valium），那是一種鎮定安眠的藥物。類似的藥物有很多，都是給活動過度的大腦一點抑制作用。請記得，藥物雖是合法的幫助，但不是治本的辦法，而且可能會有副作用。但容我再次重申，開處方藥的決定要由醫師來做，不是你來做。

03

聖經給憂慮的解答

憂慮在靈命中有任何位置嗎？憂慮或感到焦慮，是一種罪嗎？

一個處於極度焦慮狀態下的人，可能控制不住他的焦慮，而覺得被感覺牽著鼻子走，因為他說不出到底為哪件事焦慮不安。這人內心可能有一些感受或傷害，在潛意識裡不知盤據多久了。若是這種情形，或許他需要面對問題，把根源挖出來，然後取代以耶穌基督和聖經所提供的資源和醫治大能。

但從憂慮之下獲得釋放，是可能的。答案就在運用聖經的資源，以下請你先查閱經節，再讀說明。

憂慮是沒有用的，所以不要去憂慮。（參見馬太福音6:25-34）從這段經文可以發現幾個有助於克服焦慮與憂慮的原則。

第一，請注意，耶穌可沒有說：「當凡事順利的時候就停止憂慮。」祂是命令可不是建議，祂直接告訴你不要為生活上的事憂慮。從某方面講，耶穌是在告訴我們，應該學著接受當下所不能改變的情況。這並不表示我們不可採取行動、不可嘗試去改善周遭的情況。但是，碰到艱難的處境時，必須面對而不要憂慮，要學著與之共存，同時致力改善。

第二，耶穌說憂慮並不能夠延長你的壽數一刻。這是真的，反過來說也行：憂慮對身體造成的影響，真的會縮短你的壽命。

第三，我們憂慮的對象可能是困難的一部分，有可能我們的價值感被扭曲了，你所憂慮的不該作為注意力的中心。那些貌似非常重要的屬物質之事應該居於次要，最重要的應該是有屬靈價值的事。

第四，耶穌也告訴我們「一天的難處一天當就夠了」。你也許能夠改變過去行為的某些後果，但你無法改變過去，所以不要為它憂慮。你不能預測未來、也無法做足準備，所以不要用憂慮去限制未來的可能性。把你的精力集中在今天的種種機會上吧！

未來的事件大多數並不會發生，反正憂慮也沒有用。況且，某些無可避免的事就算你憂心忡忡地預期，也只會使實際發生時更令你沮喪罷了。預期就像是我們情緒的放大鏡，就算是那件事正如我們所預期的嚴重，基督徒仍能仰望神隨時供應力量與安穩。

把焦點放在解決之道，不是放在問題上。（參見馬太福音14:22-33）我們讀這段經文時發現，門徒在船上而耶穌在水面上朝他們走來。當彼得開始走在水面上，要走到耶穌那裡去的時候，剛開始很順利，但是他的注意力一從耶穌身上轉移到海上風暴，就害怕起來而開始下沉。

假如彼得一直專注在耶穌身上（他力量的源頭和他問題的解答），他會沒事的。但是當他把焦點放到風浪上（他周遭環境的問題和負面情況），他就被問題壓倒，儘管原本是可以順利地走到耶穌那裡的。

憂慮就像這樣。我們很努力地把焦點放在問題上，不再看見解決之道，也因此給自己製造更多困難。無論遭遇任何困難，都可以度過的，只要我們把焦點集中於主，單單倚靠祂：

倚靠耶和華、以耶和華為可靠的，那人有福了！他必像樹栽於水旁，在河邊扎根，炎熱來到，並不懼怕，葉子仍必青翠，在乾旱之年毫無掛慮，而且結果不止。人心比萬物都詭詐，壞到極處，誰能識透呢？我－耶和華是鑒察人心、試驗人肺腑的，要照各人所行的和他做事的結果報應他。（耶利米書17:7-10）

做選擇

你我活在一個不安穩的世界。走筆至此，股市剛下跌好幾百點。對一些人來說，這不但製造憂慮，還製造恐懼、焦慮和恐慌。但是當我們倚靠主（而非倚靠股市），我們就在碎片化的世界上領受安穩的祝福。這世界有太多令人焦慮和恐懼的事，我們卻擁有免於憂慮的能力。

你讀過這節經文嗎？在路加福音二十一章十四至十五節：

所以，你們當立定心意，不要預先思想怎樣分訴；因為我必賜你們口才、智慧，是你們一切敵人所敵不住、駁不倒的。

一開始就是一個命令，但也暗示我們有能力做到。「你們當立定心意」就是要拿定主意的意思，選擇憂慮，或選擇不憂慮。希臘文的意思是「預先思慮」，英文「premeditate」會用在刑事訴訟上，假如某人被控預謀犯罪，意思就是他先想好要那樣做。對某些人而言，選擇不憂慮是非常費力的事，但改變仍是可能的。

先把你的憂慮交給神。（參見彼得前書 5:7）行走水面的經驗，想必讓彼得學到了教訓，所以後來他寫道：「你們要將一切的憂慮卸給神，因為他顧念你們。」這裡「卸」意思是「放棄」或「卸下」，這裡所用的動詞時態是指直接地、永久徹底地，把所有的焦慮或憂慮全部交給神。我們要把憂慮的傾向卸給神，這樣當問題出現時，就用不著憂慮了。我們可以很有把握地把憂慮卸給神，因為祂顧念我們。祂可沒有要打擊我們，使我們軟弱，祂乃是要賜力量給我們，使我們堅定站立。祂知道我們的極限，並且「壓傷的蘆葦，他不折斷；將殘的燈火，他不吹滅」。（以賽亞書42:3）

你的思想要專注於神，不要專注於憂慮。（參見以賽亞書26:3）以賽亞向神歡呼，說：「堅心倚賴你的，你必保守他一切平安。」你的思想會產生或驅走焦慮或憂慮的感覺，全看你怎麼選擇。飽受憂慮之苦的人，是選擇了把心思集中於負面思想上，預期最壞的結果。但若你的心意或想法集中於神——祂已經為你成就的，和將要為你做的——以及聖經的應許上，那麼你心中必充滿平安。但你必須選擇如此集中你的思想。神已有供應，但你必須採取行動。免於憂慮和焦慮是可得的，但你必須伸手去拿。

用信靠取代煩惱（參見詩篇37:1-40）。詩篇三十七篇一開始就叫我們「不要心懷不平」（新普及譯作「不要煩惱」），整篇詩篇重複出現數次。字典給「煩惱」的定義是「蠶食、啃噬、苦味、苦惱、易怒、侵蝕」。

每次聽到「煩惱」一詞就令我想起一個場景，每年我去懷俄明州大蒂頓國家公園（Great Teton National Park）沿著蛇河（Snake River）步道健行時，都會看到河狸沿著河岸蓋的聚居地。我常見到樹木從一小部分被啃噬、到全倒的不同階段，當然都是河狸的工作成果。有些樹幹上只見一圈輕微啃噬的痕跡，表示河狸的工作剛開始而已。有些樹幹已經被啃掉好幾英呎，更有些已全倒，因為河狸把樹幹啃斷了。憂慮對我們也有同樣的作用：它會蠶食我們直到把我們摧毀。

正向的替代

除了告訴我們不要煩惱之外，詩篇三十七篇告訴我們如何以正向思考取代憂慮。首先，要「倚靠（依靠、依賴、信靠）耶和華」（三節），倚靠就是不企圖過獨立生活，這裡是說不獨自適應困難。倚靠就意味著去找更高的力量源頭。

第二，「又要以耶和華為樂」（四節），意思就是以神和祂為我們成就之事為樂，讓神成為我們一生喜樂的源頭。

第三，「當將你的事交託耶和華」（五節），交託是意志力的明確舉動，包含把我們的一切憂慮和焦慮卸給神。

第四，我們要「默然倚靠耶和華，耐性等候他」（七節）。意思是靜默地服從於神定意要做的，並且以準備和期待的心等候祂將在我們生命中做的工作。

停止憂慮並開始禱告。（參見腓立比書4:6-9；詩篇34:1-4）腓立比書的那段經文可分成三個基本階段：聖經給我們一個大前提：停止憂慮。接著給我們一個操練：開始禱告。最後給我們一個應許：平安。應許已經給我們，可隨時支取，但我們必須先跨出前面兩步，才有第三步。如果我們要開始領受神的平安，就必須停止憂慮並開始禱告。

以祈禱取代憂慮會有什麼結果，從大衛遭遇的一次危機即可看出，那次經歷促使他寫下詩篇三十四篇（參見撒母耳記上21:10-22:2）。大衛裝瘋，得以逃出非利士人手中，免於一死。接著他逃到亞杜蘭洞，有四百人跟隨他，聖經形容這些人：生活窘迫的、欠債的、心裡苦惱的。於此期間，大衛寫下這首讚美詩，開頭就說：「我要時時稱頌耶和華；讚美他的話必常在我口中。」（詩篇34:1）他不是說他**有時候**要讚美耶和華，而是說**時時**，即使當仇敵追殺他的時候。

大衛何以能在性命受到威脅時仍稱頌神？因為他停止憂慮並開始禱告：「我曾尋求耶和華，他就應允我，救我脫離一切的恐懼。」（詩篇34:4）大衛並沒有把憂慮交給神之後，一轉身就又拿回去。有很多人將他們的重擔交給神的同時，還附帶一批搶匪。一旦他們不再禱告，問題又反彈回來。他們禱告說：「我們日用的飲食，求主今日賜給我們。」才剛禱告完，他們就開始憂慮下一餐要怎麼辦。

另一個要注意的因素是，神並沒有為了救大衛脫離他的恐懼，而把他的問題拿走。當他寫下這首詩篇時，大衛仍然跟四百位心裡苦惱的人躲在洞裡。神不一定會把那問題重重的狀況解除，但只要我們以禱告的心面對每一個狀況，祂必賜給我們平安。這是大衛的親身經歷，也是今天凡禱告的人所經歷的，就是將憂慮卸給神，留在神那裡，不再取回。

> 你不要害怕，因為我與你同在；不要驚惶，因為我是你的神。我必堅固你，我必幫助你；我必用我公義的右手扶持你。（以賽亞書41:10）

這節經文告訴我們不要害怕，但接著也說明原因：「因為我與你同在」。沒有比這更棒的理由了，不要害怕或憂慮，因為神與你同在。緊接著「不要驚惶」，「驚惶」一詞意思是「緊盯著」，焦慮不安地左顧右盼；用來形容一個人在驚奇或困惑中環顧四周。這是無法動彈或癱瘓的概念，你拿不定主意該往哪兒走。

但是再次重申，有解決的辦法：神說：「我是你的神」。祂與我們同在，可不是一天八小時，也不是十二或十六小時，而是每一天二十四小時。當祂說：「我必堅固你」，這句話意思是「要警醒」或「要充滿勇氣而堅強」。當祂說：「我必幫助你」，這裡「幫助」意思是「傳喚、請求」。想像自己被神慈愛的膀臂環繞的景象。事實上，每一次你憂慮的時候都要這樣說：「神的慈愛膀臂環繞著我」，然後看看你的憂慮還會不會徘徊不去。最後一句「我必扶持你」，意思是延續。在音樂上，當指揮告訴歌唱者「那個音要延長」，歌者就要一直頂住直到氣量不足為止。但是，有神托住我們，是絕對不可能耗盡的。[16]

打破憂慮模式

聖經一次又一次解答我們的恐懼和憂慮。或許你曉得聖經對此主題有許多資源可供支取，但你可知如何打破你自己生命中的憂慮模式？我要講的是實用的策略，教你應用聖經的指導方針來解決你的憂慮。讓我來分享幾個祕訣，多年來其他人用得很成功，你也可以。

對憂慮作價值判斷。為了說明第一個建議，讓我帶你進入我的諮商室。我曾經協助一名男士處理他強烈的憂慮傾向。我們把令他憂慮的原因都徹底談過了，他也試過我給他的一些建議，嘗試克服他的問題。但是我覺得他似乎對於放棄憂慮這件事仍然抗拒。這是常有的事；許多長久憂慮的人對他們的負面思考模式感覺很自在，其實他們只知道那一種模式。他們已經把這種模式運用自如，現在要換一種思考方式，他們就猶豫不決。

因此有一天我給他出功課，給他來個猝不及防：「看來憂慮跟你的生命密不可分，你似乎決心要保持這傾向。但是你在一整天裡只有偶爾憂慮，並沒有真正規畫如何憂慮。所以我們來擬定一個具體的憂慮時間，每一天只能在固定時段憂慮，不讓它擴散到其他時間去。

「明天你一開始為某件事憂慮的時候，當下你先停止憂慮，把你憂慮的事寫在一張小卡片上，把卡片放在你口袋。每次又有一件憂慮的事冒出來時，你就把它寫在卡片上，但是還不要去憂慮。然後到下午四點左右，你就一個人關在房間裡，坐下來，取出那張卡片，盡量強烈地憂慮上頭的每一件事，持續約三十分鐘。第二天你要換一張新的卡片，如法炮製，你覺得這個點子怎樣？」

他看著我不發一語，沉默了好一會兒才說：「這真是我所聽過最蠢的建議了。」最後他又補一句：「我無法相信我竟付錢來聽你給我這種建議。」

我微笑著說：「這跟你已經在做的事很不一樣嗎？你的行為告訴我你喜歡憂慮，所以我只是建議另一個時間框架而已。」他想了一想，就領悟我說的沒錯：他真的**想要**憂慮。並且除非他決定他不想憂慮，否則我完全幫不上忙。

這一點非常重要：除非我們對自己的負面行為作出價值判斷，否則永遠改不了。

這就類似耶穌對那個在畢士大池邊的癱子的問話：「你要痊癒嗎？」（約翰福音5:6）你是認真想要痊癒嗎？關於我們的憂慮，我們必須有點刻意地作出誠實的決定。到底喜歡或不喜歡？對我們有利或不利？有它或沒有它，哪樣會使人生更美好？如果你不確定，請運用本章的技巧，定意決不憂慮一段時間，兩星期就好，然後依據你自己的經驗來決定，你是喜歡有憂慮的人生，還是免於憂慮的人生。

試試看會痛的提醒。我碰過幾位非常強烈的擔憂者，他們的思考模式已落在痴迷不悔的範圍了。少數幾個病例中，我曾建議相當激進的辦法，以徹底根除他們的負面思想。

其中一位憂慮者是二十來歲的青年，他真的是憂慮到使自己得了胃潰瘍。我建議他用一條寬的橡皮筋鬆鬆地套在手腕上，當他開始憂慮時，就把橡皮筋拉長後放手，讓彈回去的橡皮筋痛痛地打中他手腕。對他來說，持續憂慮真的會帶來痛苦。

下一週他來就診時，給我看他輕微紅腫的手腕。他覺得他需要一個激進的作法，而這作法有效。可惜的是，以他的例子而言，為時已晚。幾個月之後，他的胃部被切除了一半。

對自己喊停。我曾經以憂慮為主題教導一班成人主日學，我請參加者用一週的時間練習把憂慮踢出去，下一週上課時，我問有誰自願出來作心得報告。有一位女士說，她從星期一早上開始實驗，到了星期五，她覺得那困擾她很多年的憂慮模式終於被打破了。

是什麼使她獲得這麼大的改善？只是一個很簡單的方式：用新的方式將神的道應用到她身上。我曾在我的諮商室與好幾百人分享過這個方法，在課堂上和研討會上聽過這方法的人更是不計其數。

取一張空白的卡片，在一面寫上醒目的大字：「停」，另一面抄寫腓立比書四章六至九節。很有意思的是，請注意神說祂必保守我們的心思意念，但我們應該一無掛慮。把這張卡片隨身帶著。每當你獨自一人開始憂慮的時候，就取出卡片，用寫著「停」的那面對著自己，大聲說：「停！停！」說兩遍表示強調。然後翻到另一面，讀卡片上的經文，也是大聲唸兩遍以示強調。

應當一無掛慮，只要凡事藉著禱告、祈求，和感謝，將你們所要的告訴神。神所賜、出人意外的平安必在基督耶穌裡保守你們的心懷意念。弟兄們，我還有未盡的話：凡是真實的、可敬的、公義的、清潔的、可愛的、有美名的，若有什麼德行，若有什麼稱讚，這些事你們都要思念。你們在我身上所學習的，所領受的，所聽見的，所看見的，這些事你們都要去行，賜平

安的上帝就必與你們同在。（腓立比書4:6-9）

取出卡片，可打斷你那憂慮的思考模式。說出「停！」則進一步破壞你習慣性的自動憂慮模式。接著朗讀神的話語，則是以正向思考取代憂慮。如果你在一群人當中而又開始憂慮，仍應重複相同程序，只是改用靜音模式。

那位向全班分享心得的女士說，實驗的第一天，她一共取出卡片有二十次之多。但是到了星期五，她只取出三次而已。她告訴我：「這是我有生以來第一次覺得有希望把憂慮的想法趕出去。」

其他行動

運動是抗憂慮的最佳反應之一，也不妨使用。（只要你不至於一邊運動一邊憂慮！）你可知道運動有抗憂鬱、降低緊張、減少挫折感和消除怒氣的作用，運動可改善你的睡眠，有助於你的專注力，並可幫助你免於分心？你可以一邊運動一邊背聖經，一邊看書（如果是踩固定式的腳踏車），或禱告。運動可幫助你減重、降低血壓和心律。我維持了十五年的運動，心律從八十降到五十八。

有個作法叫EPR，是哈洛威爾醫生（Dr. Edward Hallowell）發展出來的，三個英文字母分別代表評估（Evaluate）、計畫（Plan）、和修復（Remediate）。假如這成為習慣的話，足以擊退許多憂慮攻擊。這個方法教你把憂慮化為行動，是一種制定計畫的方式。我知道某些個性類型的人，不太喜歡做計畫，但是不論屬於哪種類型，都能夠而且可能需要採取這作法，好讓人生更井然有序。以下舉一些例子：

假設你的下背部不時有刺痛感，今天會痛，明天可能不痛了，但這樣反覆的模式持續好幾個禮拜，你讀了幾篇文章，所描述的一些症狀似乎跟你的一樣——但那人的診斷結果是末期癌症。從此擔心罹癌的意念就占據你的腦海，因為憂慮的種子已種下。憂慮會逐漸增強，但你可不要為自己製造悲情，而是要這樣做：

評估：對你自己說：這對我是個新的情況，疼痛雖不至於無法忍受，但也夠煩人的。我不樂見這樣的模式一直發展下去，它似乎不會自己好起來。

計畫：對你自己說：我不知道是什麼導致疼痛，也不知道這說明什麼。我知道我在迴避看醫生，但狀況仍持續，說明我需要去看醫生了。

修復：你預約門診時間。

簡單到幾乎令你有被輕視的感覺，或許你心想：「我本來一直都這樣做！」很好，但許多憂慮者根本癱在那裡，連第一階段「評估」都走不進去。

再舉一例：你被邀請在家中主辦聚會，兩天後舉行。你沒有多想就答應了，但家中到處是做到一半就擱置的東西。後來你想到所有必須準備好的事，也想給大家留下好印象，你就開始全身緊繃，憂慮一波波襲來。你開始收拾這個角落，然後分了心，又轉去整理另一角落。結果什麼事也沒完成，只有越來越心煩意亂。

評估：這下真的麻煩大了。我很久都不管家裡整潔，現在已經亂七八糟，東西亂丟，而我試圖解決的方法無效。我得換個更好的辦法才行。

計畫：好，我看喔，大家大概只會到客廳、浴室和廚房這三個地方，我就集中力氣把這三個地方整理乾淨。我要固定在一個地方、從一個角落整理起，直到有進展，才能離開。

修復：你從最大的空間開始動手，先把它整理完成。

有生產力的憂慮

你可曾想過，有一種憂慮是有生產力的？我想稱之為**CC過程**，或**建設性的關心**。其實它可預防憂慮和焦慮。我發現一本書，英特爾公司的一位非常成功的執行長安迪．葛洛夫（Andrew Grove）所寫的《只有偏執狂才能生存》，這本書邀請大家一起成功。他的建議倒不是作偏執狂，而是作**有創意的**偏執狂。他建議我們要預期每一種可能的選項，從中學習，做出改變。不要忽略真實的問題或可能的問題，但要對於你應付負面狀況的能力，保持積極的心態。[17]

盤點你的憂慮。每當憂慮纏繞你，就使用以下的建議（某些或全部），來幫助你盤點憂慮並規畫你的策略。

1. 務必找醫生做個完整的身體檢查，請醫生檢查腺體有無異常、缺乏什麼維生素、對什麼過敏、運動的排程，以及疲累的情形。
2. 面對你的憂慮，有就承認吧。別逃別躲，因為它們是陰魂不散的。不要為你的憂慮而憂慮，那只會使問題更惡化而延長。
3. 把你的憂慮和焦慮寫在一張紙上，盡可能具體而詳盡地描述。

4. 把令你憂慮的原因或起因寫下來，要追根究柢。有無任何可能你可以剷除根源，根除你憂慮的起因？你試過嗎？請具體說明你試過的方法。

5. 把你每一天花多少時間憂慮記下來。

6. 憂慮曾為你成就了什麼？詳細描述憂慮帶給你哪些好處。

7. 列出以下清單：一、你的憂慮如何防止了某個可怕的情況發生；二、你的憂慮如何使問題更擴大。

8. 如果你很緊張或坐立不安，請設法除去任何令你易怒的來源，遠離它們，直到你學會如何做出不同的反應。例如，假設世界局勢的動亂不安令你憂慮，那就不要看那麼多的新聞報導。把那些時間用來放鬆，讀別的書、整理花園，或騎自行車出去，轉個幾公里再回來。避免催趕自己。如果你擔心遲到，就把時間規畫好，提早抵達。給你自己更充裕的時間。

9. 避免任何型態的疲累——身體上的、情緒上的，或腦力上的。疲累的時候，令人煩惱的難題會膨脹得不成比例。

10. 真的深陷憂慮時，你所憂慮的那事，真的跟你和你的人生有關嗎？抑或應該是別人去憂慮的事？可別忘了，害怕別人會怎麼看我們，常偽裝成我們的恐懼或憂慮。

11. 問題出現的時候，要面對，並決定你能怎麼做。把各種可能的解決方式都列出來，然後決定一個最好的辦法。如果牽涉的是小事，那就速戰速決，空出較多時間來作重大的決定。

擔憂者常說：「我把問題翻來覆去地想，就是沒辦法決定怎麼做最好。」請察看事實，然後逼自己作出決定。一旦作出決定，就不要質疑或擔心你的選擇。否則又會引爆憂慮模式而前功盡棄。這個新的決策模式需要多加練習。

免於憂慮是可能的！所要求你的是勤加練習，常將神的話應用到你生命中。這意味著重複的行為，倘若失敗，不要放棄。你練習憂慮應該很多年了吧，現在你需要花很長一段時間持續練習實踐聖經，才能夠穩穩地建立起一種免於憂慮的新模式。

第二篇

給憤怒的解答

憤怒，這個有爭議性又常被誤解的情緒，它影響到我們每一個人，無論我們喜不喜歡它，它仍常在身邊。生氣是可加以管理的，就像許多其他感受一樣——感受本身並不分對錯，問題出在錯誤地處理怒氣。

04

生氣的問題在哪？

憤怒，這個有爭議性又常被誤解的字眼，這個有爭議性又常被誤解的情緒！它影響到我們每一個人，而且繼續阻撓我們。

即使所謂的專家也眾說紛紜。有的說：「要體會它，而且要表達出來。」有的說：「要否認它，並且排斥它。」但無論我們喜不喜歡它，它仍常在身邊。我們受造時都被賦予生氣的能耐。

有部辭典將生氣稱為「一種強烈的不悅感」，這也是你的定義嗎？還是你有不同的措辭？你會怎麼形容它？辭典的定義暗示生氣是可加以管理的，就像許多其他感受一樣——感受本身並不分對錯。問題出在錯誤地處理怒氣。

有些人表達怒氣的方式像追熱飛彈，沒有警訊，警報也沒響，一切平靜無波，然後飛彈就發射出去造成傷害，包括受傷的感覺和疏離的關係。襲擊後的復原得花上數日或更久。

在其他場合，怒氣像一尾蛇在樹叢下滑行，悄無聲息、無人看出。它或許抬起頭來，答應一個承諾，但是馬上又消失無蹤，把承諾忘得一乾二淨。或是某人默默地生氣之後留下高昂的延遲代價，而所提出的藉口又薄弱得很。被這種怒氣咬一口，雖然不像被飛彈射中那樣醒目或破壞力強，但結果可能差不多。

我們常把任何一種怒氣的表達跟爆炸聯想在一起，可曾注意生氣的同義字？憤怒、盛怒、暴怒、敵意，這些字眼描繪怒氣如脫韁野馬控制不住，也反映出怒氣具有破壞力。有些人一想到發怒就想到動漫英雄「無敵浩克」，一頭管不住的憤怒野獸——無法控制的怒氣。另一方面，有些人則希望保持鎮定沉穩，如同星際爭霸戰影集中那位不露感情的瓦肯人史巴克先生，他從不讓自己生氣。

生氣的起頭往往很慢，一開始像是輕微的波動，一點不舒服的感覺而已。我們開始注意到身體的變化，尤其是緊張的感覺出現。脈搏開始加速，腎上腺素上升，你感覺得到，我也是。自人類歷史以來一向如此。

怒氣的多種面貌

但怒氣有多種面貌。摩西看到希伯來人拜偶像就勃然大怒，盛怒為他帶來的能量使他能夠收回對百姓的控制。大衛聽到拿單說有位富人偷取窮人的羊，就怒火中燒，他用這股怒氣來面對自己的驕傲、承認自己的罪。發揮創意運用怒氣，可解決重大的社會問題。

讀馬可福音的前幾章會發現，法利賽人想盡辦法抓基督耶穌的把柄。有一次，耶穌進了會堂，看見有個人一隻手是萎縮的。法利賽人密切監視耶穌的一舉一動，看祂會不會醫治那人。耶穌轉身對那人說：「起來，站在當中。」然後面向法利賽人，問：「在安息日行善行惡，救命害命，哪樣是可以的呢？」他們都不作聲。（參見馬可福音3:1-5）

「耶穌怒目周圍看他們，憂愁他們的心剛硬，就對那人說：『伸出手來！』他把手一伸，手就復了原。」耶穌對法利賽人的不公義感到生氣並且表達出來。祂為他們僵硬的正統派立場，竟把人為規定看得比受苦的人重要而深深地難過。

斯高格倫（Elizabeth Skoglund）曾說：

耶穌面對那行淫時被抓的婦人，是不輕易發怒的，因為祂知道她的內心，祂立即回應指控她的那些人，因為祂也知道他們內心的想法。門徒不讓小孩子靠近祂，祂就表示生氣，然而當群眾擁擠祂時，祂卻顯出溫柔。祂在盛怒中把兌換銀錢的攤販趕出聖殿，但當祂在客西馬尼園禱告，門徒卻在打瞌睡時，祂僅露出一點帶著疲倦的失望而已。

人類歷史上不輕易發怒的最顯著例子，是在兩千年前由耶穌所展現給世人看的。基督被釘十字架乃是由於暴民的任性和當權者的懦弱，但這位神人在痛苦中仍發自真心地禱告說：「父啊，赦免他們，因為他們不知道自己所做的是什麼。」（路加福音23:34，新譯本）祂深刻了解自己所做之事的意義，相形之下，群眾卻完全無知。確實，祂對他們和他們之苦境的敏銳知覺，使祂得以不輕易發怒。[18]

耶穌感到生氣，也覺得可以自由地表明出來。祂很清楚且有建設性地表達祂的怒氣。

不公不義牽涉到對錯或違反道德、他人的權利或你個人的權利。我們周遭都發生過不公平、不公義的例子。

生氣是對於不公不義的常見反應，而且可能是健康的。我們可舉美國總統林肯、印度總理甘地，和美國民權鬥士金恩博士為例，說明不公不義會觸發怒氣的反應。他們的例子也可說明，如果善用來自怒氣的能量，能使眾人得益處。把怒氣導向義怒，有助於指出不公之事，進而使我們向受壓者和受虐者做出無私的舉動，糾正錯失；去建立而非拆毀，抨擊問題而非攻擊人。

正向的怒氣

有一位母親因兒子被酒駕者撞死而痛哭，哭過之後她開始憤怒，因此成立MADD組織（Mothers Against Drunk Driving，反酒駕母親聯盟）。她把怒氣用在正向的用途，所創立的組織一直在積極推動立法和各種宣導活動，希望達到全國各道路皆無酒駕者上路的目標。怒氣可作積極、正面的用途，例如，生氣也是痛失親人後的悲傷過程中不可缺的一部分。

以下是幾個從正向運用怒氣的方式：

- 車禍受害者的親人說服醫院的院牧室重新改良流程，來幫助死亡車禍的倖存者。
- 一位父親建議在他兒子溺斃的池子前豎立警告標示，以減少類似的意外事件發生。
- 一位祖母請求在發給癌症患者父母的相關手冊上，也要提供本地支持團體的資訊。
- 一位成年的兒子因年邁父親去世，而為本地一家療養院組織各項活動。
- 一位年輕媽媽因失去她學齡前的女兒，募集許多玩具，捐給本地一家兒童醫院。

我們注意到，這些行動語言反映這些人不但把他們的怒氣導向正面的事，自己的痛苦也減輕了，對人生重新有操之在我的感覺：有確信、有建議、有要求、有組織、有勸募。[19]

怒氣的問題

怒氣的面孔不是笑臉而是醜臉。想想此情緒製造的破壞性結果吧，人們表露怒氣的方式走向兩極，不是向外就是向內；轉向外過多就破壞別人，轉向內過多則摧毀自己。

濫用此情緒的不只是該隱，還有以掃、掃羅、法利賽人、阿提拉（譯註：Attila the Hun，曾多次入侵東、西羅馬帝國的匈奴王）、希特勒等，世上大多數國家的統治者。我們的歷史充滿仇恨與轄制的悲劇。

你可知怒氣是一種動力嗎？它能激起你恨惡、傷害、破壞、殲滅、唾棄、藐視、厭惡、誹謗、咒罵、毀壞、拆除。生氣的時候我們會揶揄、報復、嘲笑、侮辱、羞辱、挑剔、大吼大叫、打架、摔東西、觸怒或欺負別人。所有這些對於建立關係都毫無幫助。

下表的字詞都是用來形容生氣的經驗及表達的，想一想吧：

惱火	鄙視	不悅	情感受到傷害
激動	輕蔑	傷人	被挑釁
惹惱	作嘔	厭煩	起反感
敵意	激怒	憤怒	怨恨
被激起	惱怒	易怒的	挑起怒火
嫉妒	挫敗失意	惡意	諷刺
苦毒	怒氣沖沖	受到刺激	蔑視
氣得毛髮倒豎	大發雷霆	火冒三丈	惡毒
怒火中燒	悲傷	火上加油	氣憤
陰險	脾氣壞	妒忌	脾氣一觸即發
批評挑剔	忿忿不平	發狂	煩惱不已
冷酷無情	可恨的	卑鄙	狠毒的
暴躁不安	仇視	有點生氣	受傷的
發脾氣	急躁	心情不佳	狂怒

聖經中第一次出現發怒就讓我們看到極具毀滅性的後果：「只是看不中該隱和他的供物。該隱就大大地發怒，變了臉色。耶和華對該隱說：「你為什麼發怒呢？你為什麼變了臉色呢？」（創世記4:5-6）

該隱生亞伯的氣，因為亞伯的供物被悅納，他的不被悅納。該隱怒火中燒，結果殺了親兄弟（創世記4:8）。該隱與他的親兄弟疏離，也與他人和神疏離了。他的怒氣導致他殺人，也導致極度的孤獨寂寞。

人生幾乎每一件事都有一個價格標籤，任意走進一家商店，免費的東西幾乎沒有。購買一部新車可能帶給我們愉悅感、自在感、尊榮感，但它是有成本代價的。表達生氣可以是發洩，可以影響甚至控制一個情況，但也是有價格的。有些代價可能很明顯，好比關係出現緊張（別人對你抗拒或退避三舍）。夫妻關係充滿緊張時，兩人從愛侶變成了交戰的敵人。生氣固然有個人心理層面的代價，但最慘痛的代價恐怕還是我們的人際關係。

生氣有它的位置，因有時可以是建設性的怒氣，但帶來破壞居多。亂發脾氣會把製造親密關係的愛心、關心和感恩給抹煞了。愛生氣出了名的人，很快會發現大家都避之唯恐不及。箴言有句忠告說得好：「好生氣的人，不可與他結交；暴怒的人，不可與他來往；恐怕你效法他

的行為，自己就陷在網羅裡。」（箴言22:24-25）

這話措辭頗強烈，但聖經就是用這麼強烈的措辭形容一個人一生氣就暴怒。

生氣製造障礙。暴怒導致攻擊，而非降低火氣。每一次暴怒都是火上加油。

生氣也是一種令人非常難受的情緒，你可能害怕自己的怒氣，因為你看過完全控制不住這種情緒的人。他們不只是感到生氣，而且大發烈怒。或許你相信健康的人是不生氣的，又或許你覺得你無權對別人生氣。

聖經與怒氣

關於生氣，聖經說了很多，而且用了不少詞語來描述不同類型的怒氣。在舊約，生氣的字面意思是「鼻孔」或「鼻子」（古代的希伯來心理學認為，鼻子是怒氣的座位）。聖經說「不輕易發怒」字面意義是「鼻子的長氣」。舊約有幾處使用「生氣」的同義字，包括：發怒，心如火燒（以斯帖記1:12），發怒撕裂，永懷忿怒（阿摩司書1:11），和滿心憤恨（耶利米書15:17）。經文雖不一定出現「生氣」二字，但確實是談到生氣的情緒，還有一些詞語也暗示怒氣，如報復、咒詛、嫉妒、噴氣、咬牙切齒。

新約有好幾個字也是在講生氣，請務必分辨其中差異。許多人以為聖經自相矛盾，因為有一節經文教導說不可生氣，另一節又勸我們「生氣卻不可犯罪」，到底哪個是正確的？我們該聽哪個？

新約最常用來指生氣的字眼是「thumos」，這字將生氣形容為混亂的騷動或沸騰的怒火。這一類型是突然爆發式的怒火。內在的憤怒爆發出來，好像劃一根火柴就點著，而且火很快就燒起來。這類型的怒氣共提到二十次，出現在以弗所書四章三十一節、和加拉太書五章二十節等處。我們要控制這類型的怒氣。

另一型的怒氣，新約僅提到三次（但沒有一次是正面意義的），就是「parogismos」。這是一種被激起的怒氣，特點是氣惱、惱怒或憤懣。

「不可含怒（你的惱怒、狂怒或氣憤）到日落。」（以弗所書4:26）

「我再說：以色列人真的不明白嗎？首先，摩西說：『我要使你們對那不是子民的生嫉妒，對那無知的民族起忿怒。』」（羅馬書10:19，新譯本）

新約最常用作生氣的字是「orge」，一共用了四十五次，意思是一種比較平靜而持久的態度，雖然開始生氣比較慢，但比較持久，而且往往含有報復的意味。這種生氣類似烤肉的炭，慢慢地燒紅然後白熱化，繼續維持這溫度直到烤熟。

只有兩個例外，雖用這字卻不含復仇的意味，一處是在馬可福音三章五節記載耶穌生氣地看著法利賽人。

第二個例外就是以弗所書四章二十六節「生氣卻不要犯罪」，這裡告訴我們生氣是正當的（合法的）。這一節的「生氣」是指心智的固定習性，在某條件下會被激起來。沒有復仇的意味。你曉得這種生氣，你控制得住。這種生氣是有正當理由的，牽涉講道理的力量，若有謹慎的理由，那麼生這種氣是合宜的。聖經不但允許，而且在某些場合中甚至要求我們生氣！或許對多年來一直認為生氣絕對錯誤的人，聽起來有點奇怪，但是神的道可沒說：我們就是要生氣！

保羅曾在一封信中吩咐哥林多信徒要以憤慨對那娶了他繼母的信徒（見哥林多後書七章十一節）。這叫義怒，正確導向的發怒不是犯罪。嫉惡如仇的義怒必須是一種恆常不變的心態，同時配合適當的行動。

義怒

義怒有三大特點。第一，必須是**受控制**的。它不是激昂的、過火的盛怒。儘管有正當的理由，而且對象是一件不公義的事，但是不受控制的怒氣仍會導致判斷錯誤而平添困難。情緒要完全受心智控制，以免失去理智。要做到「生氣卻不要犯罪」的唯一辦法，或許可從箴言十四章二十九節和十六章三十二節的教導中找到端倪：「不輕易發怒」。這種生氣並不是眼前受到挫折後的直接結果。

第二，絕對不會有**憎恨**、**惡意**或**怨恨**。醞釀反擊的怒氣只會使情形更複雜，或許最好的榜樣就是耶穌對自己遭遇不公不義的反應。

> 他被罵不還口；受害不說威嚇的話，只將自己交託那按公義審判人的主。（彼得前書2:23）
>
> 親愛的弟兄，不要自己伸冤，寧可讓步，聽憑主怒；因為經上記著：「主說：『伸冤在我，我必報應。』」（羅馬書12:19）

義怒的最後一個特點是，**出於無私的動機**。若是自私的動機，通常會摻雜驕傲和怨恨。應該把怒氣導向他人所受到的不公平對待，而非自己被虧待的事。

聖經論到怒氣的整體基調是，怒氣不會是生命的一部分，雖然不要去否認，但仍要去控制它。某些類型的怒氣並不健康，應該除掉。怒氣應該是對明確的不公之事而發，然後要運用得恰當才好。

你感到的怒氣是哪一類型？像什麼樣的？看過以上定義之後，你會把它歸在哪一類？現在就針對每一類型花點時間想一想，你有什麼實例嗎？把當時的情況和處境寫下來，然後描述此類型怒氣的結果是什麼。形容一下你當時的感受，和別人對你有什麼反應。

生氣可以是有建設性的。生氣是從神來的恩賜，信不信由你。如果適當表達，可用在好的用途。而當出自此情緒的能力被導向有建設性的事情，你就得益處。

05

了解你的怒氣

生氣如何能帶來益處而非破壞？可以從哪些方面把這個不受歡迎又具有潛在破壞力的情緒，視為一種恩賜，而非不計代價定要避免的一顆飛彈？確實有一些事實能幫助我們了解怒氣的正向潛力。

神會生氣，因為我們是按照祂形像被造的，所以我們也會生氣。那並非罪惡的情緒，生氣本身也不是一種破壞性的情緒，它不全然是危險的。很可惜，許多人把生氣的情緒跟一些人選擇表達此情緒的方式混為一談。許多人把生氣跟侵略攻擊混為一談，其實不一樣，生氣是一種情緒，而攻擊是一種行為。

當我們不了解我們的怒氣，又讓它失控的時候，就會導致有罪的、危險的、破壞性的，甚至是致命的攻擊行為。但問題並不在生氣的**情緒本身**。真正的問題在於，**對此情緒的不當管理和誤解**。問題是個人的情緒不成熟，以致讓自己被那股怒氣的能量控制。

我們雖不見得能控制何時或如何感到生氣，但是靠著神的幫助，我們能夠學習控制如何選擇和表達那情緒。因為神把我們造成理性的活物，我們能自由選擇如何反應外在事件。事實上，我們可以運用的控制力比我們所認為得多。只是，過去的經驗、回憶和反應模式往往會妨礙我們運用控制力。然而，只要加上了解、時間和練習，我們就能克服那些影響而養成有建設性又健康的反應。

生氣：第二個出現的情緒

生氣是警訊，是基本心態的線索。生氣是用來幫助我們偵測不當的、潛在的破壞性態度。我們第一個察覺到的情緒可能是生氣，但在當下第一個經驗到的情緒其實幾乎不是生氣。在生氣之前，常常已經出現**害怕**、**受傷**或**挫折**的情緒了，令我們感到痛苦，也把我們精力耗盡，且提高我們的脆弱感。

許多人在幼年時就學到，生氣可使我們的注意力從這些更痛苦的情緒轉移。如果我生氣了，就能避免或起碼能降低我的痛苦，甚至或許能影響或改變使我生氣的來源。不用多久我們就學到，感到生氣比感到痛苦簡單多了。生氣提供的能量降低了我們的脆弱感。

很可惜，絕大多數的人不曾領悟到，生氣像憂鬱一樣，只是我們傳達給自己的一種信息形式而已。

當一個人感到**受傷**，比方被拒絕、被批評或是身體或情感上受痛苦，一種非常正常的反應，就是生氣。我們對那導致痛苦的人或事作出反駁和反擊。

還記得耶穌生氣地看著法利賽人嗎？那節經文說祂「為他們的心剛硬而感到極其難過」（馬可福音3:5，當代譯本），那時祂很受傷。

生氣的另一個起因是**挫折**（關於這點容後詳談）。

害怕也會導致生氣。當我們害怕某件事，往往並不表現出害怕的樣子，卻顯得很生氣。不知何故，生氣比害怕更令人自在。或許是因為生氣時我們採取的是攻勢，而非守勢。當你感到害怕時就表現出生氣的樣子，周圍的人就被騙倒了。因為你沒有把內心真實的感覺告訴他們，所以他們只能針對你的生氣作反應。可惜絕大多數的情況是，生氣只招致怒氣。

例如，丈夫每天都在六點左右回到家，有一晚他遲歸，到六點四十、七點，已經七點半了，還不見人影，連一通電話也沒有。這時他的妻子已經從擔心、憂慮變成害怕了。她開始想，會不會發生什麼可怕的事情。終於大約八點他回家了，一進門就問有沒有給他留晚餐？她沒有去迎接他，也沒表示她很害怕和擔心，卻回說：「你到哪裡去了？真是一點都不體貼，為什麼不告訴我你會晚回家？」你可能已經想到類似的情況。

當你生氣的時候，問自己這些問題：我覺得受傷嗎？我為某件事感到挫折嗎？什麼事令我心灰意冷？這次我在害怕什麼事情嗎？請把這幾個問題抄在小卡片上隨身攜帶，隨時提醒自己。

如果你跟某個生氣的人在一起，這時你不要因為他或她的生氣而發怒，相反，或許你可以帶著敏銳和憐憫的態度，問對方：「有什麼事讓你感覺受傷嗎？是不是某個情況令你感到挫折？你是不是有一點害怕？」

怒氣有許多偽裝

生氣不一定看得出來，因為不見得有強烈的肢體或口語反應，卻是以各種形式出現。最常見的偽裝有哪些？當我們嫉妒、不屑、辱罵、看不起別人，或是當我們覺得煩死了、受夠了、被冒犯、心中苦毒，或是悍然拒絕，很可能我們正在經驗某種形式的生氣。你看到有些人變得冷言冷語、緊張或發脾氣，他們是在生氣；或是看到他們有挫折感、惱羞成怒或氣憤，當然他們是在生氣。從批判、沉默、威嚇、疑心病、不停瑣碎的抱怨、憂鬱、講八卦、怪罪，這些都可以顯露出一個人在生氣。

甚至像頑固、做事三心二意、健忘和懶惰這類行為，也可以證明心懷怒氣。

你可曾使用或見過以下任何反應？

- 開玩笑——你隱瞞表達痛苦感受的言辭，卻改以幽默或挖苦。
- 作迷糊狀——你假裝你不了解另一個人，裝作困惑的樣子。
- 作疲倦狀——你做出疲倦的樣子，以避免跟另一人接觸，你什麼都同意，用某種口氣說被動的話：「你喜歡就好……」、「隨便啦……」等等。
- 沒在聽——假裝你沒聽到另一人說了什麼話。
- 作笨拙狀——你故意「不小心」打破某樣東西。

我們稱這些為被動式的攻擊型反應。如果有人對你用這招，你會被激怒！學習如何善用怒氣的效用，很重要的一點就是，能夠辨認生氣的各種面具或偽裝。

承認你在生氣

上一次你承認生氣是什麼時候？覺得怎樣？是否覺得有點羞愧或尷尬？你會想要星期天在全教會的人面前承認你在生氣嗎？應該不想吧！生氣之所以令大多數人覺得很難處理，有一個原因是，我們覺得承認自己在生氣會很不自在。

對許多基督徒而言更是如此，他們相信生氣必定是靈命軟弱又不成熟的記號。當他們承認時卻不說自己在生氣，通常形容自己灰心氣餒、挫折感、傷心、憂慮、鬱悶或心煩。你做過這種事嗎？這比直視某人眼睛，對那人說：「我很生氣」，要容易多了。

而往往我們生氣的來源竟是一件愚蠢或不重要的事，這使承認生氣的難度更高了。我們都經驗過為小事生氣，每一個人都有過為某件明顯是非常小的事情而反應過度。

你有三種選擇

一個人一旦發現自己在生氣，可以怎樣處理怒氣？有哪些選擇？

處理怒氣有三個基本方式。

方式之一是**壓抑**——絕對不承認你在生氣，只是忽略它的存在。這種壓抑往往是下意識的，但**這不是健康的方式！**壓抑怒氣就像把一個塞滿廢紙的垃圾桶放進櫥櫃然後點火關門，不只會把櫥櫃燒掉，甚至整棟房子都會失火。由生氣所產生的能量是不會被毀滅的，必須轉移或導向另一處。

被壓抑的怒氣有另一個出口，就是意外。或許你遇過一些很容易出事故的人，遺憾的是，他們不是自己出事故而已，也會波及別人。一個正生氣的人會碰地一聲甩門，而痛了自己或別人的手。當他很想打開電視看球賽的時候，老婆卻要他洗窗子，他的手便穿過窗子外面去。生氣也會表現在開車的時候，他「一不小心」就開上玫瑰花圃去。

壓抑怒氣對身體的磨損是顯而易見的，你會頭痛欲裂，你的消化系統——從嘴巴到直腸長三十呎的管道——會以不利於你身體的方式反應被你壓抑的怒氣。你會感覺吞嚥困難、噁心想吐、胃灼熱、便祕或拉肚子。潰瘍性大腸炎最常見的起因就是壓抑的怒氣。壓抑怒氣也會影響皮膚，表現在搔癢和神經性皮膚炎。呼吸道疾病如哮喘，也是常見的影響結果。還有冠狀動脈栓塞，一般都接受生氣於此病症上扮演的角色。

在某個時候、以某個方式忽視或掩埋的生氣情緒，終必顯露出來——從身體上、心理上或靈性上。換句話說，你的怒火會復燃，但它不會聽命於你。

長期忽視怒氣有什麼代價？一項為期十二年、針對一萬人所做的縱向研究顯示，壓抑怒氣的人死於心臟病的可能性是以健康方式表達生氣之人的兩倍多。一項持續二十五年的研究指出，在敵意分數得分高的人，心臟病的發生率比較高；他們在五十歲以前因各種疾病而死的可能性，是其他得分低的研究對象的五倍多。還有一個為期二十年的研究，不但顯示較高的敵意分數與冠狀動脈疾病可能性提高有關聯，也與癌症、意外和自殺的比率增加有關。[20]

針對癌症患者也有重大的研究結果，顯示確實有容易罹患癌症的個性，某些性格特點的組合，使某些人特別容易罹患癌症。這些特點包括，容易記仇、不能或不願寬恕。

宣教士庫克（Joseph Cooke）在他的著作（*Free for the Taking*）中講到他怎樣試圖壓抑怒氣：

壓抑我們的感受絕對不值得。事實上，那就像把蒸汽鍋的蒸汽孔塞住，蒸汽在一個地方被堵住了，它會從別處冒出來的。比方說，如果你把怒氣壓抑下去，它往往會以另一形式出現而且變得更難處理。它會變成繃著臉、自憐自艾、憂鬱或說話挖苦人、尖酸刻薄……。

把情緒壓抑封住，還是會從旁邊層出不窮地以令人討厭的形式冒出來；而且壓力會逐漸累積直到終於爆發，一旦爆發，總有人會受傷。猶記得很多年以來我一直努力控制情緒，每一次情緒出現，我就努力克制，企圖維持滿有恩典的……基督徒精神。儘管我幾乎瞞過了所有人，甚至某種程度上也瞞過內人。但這一切都是假象……終於有一次我大發雷霆，情緒整個崩潰，埋藏心底的一切都爆發出來。坦白說，除非我把那些感受都釐清，除非我學著認識它們的真貌，接受它們，並且找到某個可以誠實地、無破壞性的表達方式，否則我既得不到醫治與恢復，也不會造就新生命。[21]

尋求專業諮商的人當中最常見的問題，就是怒氣和憂鬱，而這些並不是新的問題。聖經歷史上偉大的神人也曾飽受這些情緒之苦。其中最典型的例子，或許是約拿吧。神差他去尼尼微城向百姓犯罪的行為提出警告。他成功地完成任務，連王都悔改認罪，下令全城百姓同樣要悔改認罪。於是神改變心意，取消要毀滅他們的計畫，不執行了（參見約拿書3:10）。

聖經接著記載：「這事令約拿十分不悅，非常惱怒。他向耶和華禱告說：『耶和華啊，我在家鄉的時候豈不早就說過你會這樣做嗎？我知道你是一位有恩典、有憐憫的上帝，不輕易發怒，充滿慈愛，不忍心降災，……耶和華啊，求你收回我的性命吧，我死了比活著還好！』耶和華對他說：『你這樣大發脾氣合理嗎？』於是，約拿跑到城外，在城東為自己搭了一個棚，坐在棚下蔭涼處，要看看尼尼微城究竟會怎樣。」（約拿書4:1-5，當代譯本）

然而，對約拿而言，人生不如意十常八九，心情鬱悶的他坐在蓖麻藤下。蓖麻藤枯萎了，少了樹蔭，他被日頭曬得發昏。聖經記載他與神的最後一次對話，約拿說：「我就是氣死了也合理。」（約拿書4:9，當代譯本）怒氣轉向外，約拿找樹蔭得涼爽的庇蔭，但是當怒氣轉向內，他就消沉憂鬱。能找到一個地方「窩著」，約拿別無所求了，但接著他又求死——而且是真心的。

在聖經裡，憂鬱和怒氣的連結通常沒這麼清楚，聖經讓我們看到的是，只要以負責任的方式處理，憂鬱和生氣都是可接受的。[22]

處理怒氣的第二個方式是**克制**。雖然知道自己生氣了，卻選擇克制而不讓別人知道自己在生氣。某些情況下可能是明智的做法，但終究還是需要承認生氣並以健康的方式消怒。但老是把怒氣塞進肚子的人很可憐，他們一直費很大的力氣克制自己。

儘管他們面帶微笑、一派開朗，從外表看不出抑鬱生氣，但這種隱怒型的人通常非常不快樂。有些人會用很多食物填塞肚子，部分原因是懲罰自己「生氣的罪」（他們的看法）。

往往一個人會選擇克制怒氣，是因令他生氣的對象有更大的力量或權柄回應他。例如，雇主找一名雇員個別談話，他拿一些沒有事實依據的事質問他，雇員雖感到怒火上騰，但因知若跟老闆發火，有可能沒了工作，所以他就克制怒氣——直到返抵家門。

他走進門時，妻子迎接他，他報以一句怒吼，妻子嚇了一跳，她的反應有兩種，回罵他一句，或是依循丈夫的前例克制怒氣。但是當他們青少年的兒子走進來時，妻子卻遷怒於毫不知情的兒子。這兒子又把怒氣發洩在弟弟身上，弟弟則去踢狗，狗去咬貓，貓去抓三歲的幼女，她很生氣，但只能把她的芭比娃娃的頭扯下來發洩！

這個簡單過程就叫**替代作用**，把怒氣導向較無威脅之人。可能暫時對你有用，但這條聯鍵會長期地影響別人的生活，就像傳染病一樣。

替代作用的怒氣還有一個原因是**罪疚感**。如果你很氣你母親，可又深信生氣是錯的，你可能會發現自己向另一個較年長的婦女發怒。或是你可能會利用替代作用來避免讓自己丟臉。好比你跟老公開車出遊，這一天你們預計要趕路，但你在一個不該轉彎的地方轉彎了，往錯誤的方向跑了五十哩路。於是你把罪責投向老公，怪他誤導方向。（當然我們都知道男人是不會去問路的！）

直接處理問題反而比較好，如果你跟雇主在行政程序上意見不同，解決方式並不是跟你的妻子或另一同事抱怨，而是好好地跟雇主談，把問題解決。假如這樣行不通，那你就必須忍耐，直到找著其他有建設性的出口，抒發你的怒氣。理想的解決方法是，針對令你氣惱的起因，多練習幾種反應方式。

假如你生氣並無正當理由，那麼問題就在你身上。如果你跟老婆生氣，因為她做的菜和你母親做的不同，那你最好先承認一件事，就是你的老婆可不是你媽！要讓你老婆發展她的廚藝，嘗試做新的菜色。然後你要學習在某些期待上妥協。

強烈的負面感受如何化解或消氣，不至於朝冒犯者噴發？有什麼方式可釋放積鬱的怒氣？你可以：

- 將激怒你的事化為禱告事項。
- 向一位成熟、能理解你，又能給你建議並引導你的第三方說明你的負面情緒。
- 去找那令你生氣的人，表達你的愛心與寬恕。

你要了解，神常允許最令人挫折又氣惱的事情發生，為的是教導我們忍耐，幫助我們成長。

不過，克制怒氣確實有一些好處，尤其是如果能幫助你放鬆、冷靜下來，轉而採取理性的做法。神的話語也告訴我們關於這種克制：

「不輕易發怒的，大有聰明；性情暴躁的，大顯愚妄。」（箴言14:29）其實這人是從爭端的起頭就先制止，才不至於日後爆發。

不輕易發怒的，勝過勇士；治服己心的，強如取城。（箴言16:32）

人有見識就不輕易發怒；寬恕人的過失便是自己的榮耀。（箴言19:11）

「愚妄人怒氣全發；智慧人忍氣含怒。」（箴言29:11）。這節經文意思是，不讓他的怒氣像脫了轠繩似的，而是把它封口後拉到後方。也就是克服怒氣的意思。

「我〔尼希米〕我聽見他們呼號說這些話，便甚發怒。我心裡籌劃，就斥責貴冑和官長說：『你們各人向弟兄取利！』於是我招聚大會攻擊他們。」（尼希米記5:6-7）。「我心裡籌劃」，當代譯本作「經過深思熟慮後」。

操練並運用自制力的人必將發現，他的怒氣級數逐漸降低，不會像放任自己第一個反應出去那樣地發怒。你若冷靜地考慮一下生氣的原因和結果，必能有助於你適當地應付情況。

表達你的怒氣，是第三種處理方式。有些人認為你應該如實地把感受表達出來，無論涉及的人或事。他們認為這樣對心理是健康的，也是均衡生活所必需的。

表達怒氣有許多不同的方式，最糟的反應就是暴怒——用刻薄的話破口大罵，而且情緒非常激動。

你表達怒氣的方式就是一種溝通形式，所用的方式越有效，你就越可能會繼續採用那種溝通方式。假如你的生氣一直得到強化（生氣就可以如願以償），那麼你非常可能繼續用那種方式表達。

表達生氣確實帶來結果，不過，研究顯示，以「全部發洩或完全表達」的方式宣洩你的怒氣，並不能降低挫折感，往往反而更令你緊張不安。而怒氣爆發則引來報復反擊。

表達怒氣意味著以後你還會重新上演一遍。現在你放它出去，不代表它不會再回來。當你表達生氣時，並未因此得到淨化，實際上是得到練習生氣的機會而已。怒氣發洩出去，可能反而讓它全部回籠。它使你與別人離得更遠，而非拉近距離。[23]

這會有後果的，但不是你想要的結果。如果你有自由採用這種反應方式，那別人不也應該有同樣的自由，用這種方式來對你？

但你也可以用別的方式表達生氣，比方騎腳踏車出去繞一圈，在花圃鬆土拔草一個小時，或是捶打一顆軟枕頭，這一類的人或可稱為「行動派」，你可以把生氣時心中的感受寫下來，尤其如果你無法開口說時。這些方法聽來可能有點怪，但可別小看它，因為已經被很多人用來克服生氣的難題了。

假使你和配偶都生氣了，又如果你們都是行動派，那麼請分開採取發洩怒氣的行動，不知怎的，分開行動的話比較快消氣。

不過，習慣性的行動派需要記得，雖說拍打一顆網球、刷洗地板，或把縫線裂開的地方縫合起來，會讓他們感覺好一點，但是這些活動跟生氣的源頭幾乎沒有直接關聯。

每一個人都可以也可能應該不時作個行動派，但若你處理怒氣只靠這種藉體力活來發洩的方式，那麼請你時不時地問問自己：我是在生誰的氣？為什麼生氣？我能怎樣改變這些事，讓自己感受好一點呢？

06

控制你的怒氣

不要發怒的最佳理由之一是，生氣反而使人解決不了問題。生氣不是解決辦法，只是受挫的一個反應。如果另一半催著你經營夫妻關係，或是多花點時間陪孩子，那麼解決辦法就是坐下來談。找出另一半真實的感受，然後盡最大的努力提升你們的關係。

如果你不喜歡你的工作環境，你能做什麼？要麼試著改善工作環境的氣氛，要麼學著與這個不大滿意（但不是無法忍受）的情況共處，要不就是另覓工作。光在那邊生氣是不會產生令各方都滿意的積極長久改善的。

受挫與怒火

從受挫的角度去處理怒氣，也不失為一個辦法。假如是因為受挫折而引起生氣，那麼倘若把挫折除去，怒氣應該會消失。假如一個小孩因為不能吃糖果而鬧脾氣，那麼若父母屈服於他的哭鬧而給他糖果，他多半會克制住自己。假如一個男人因為釣魚的計畫突然取消而生氣，那麼如果能夠成行，他多半會安靜下來。假如你生氣是因為孩子對你的管教沒反應，那麼倘若他開始作聽話的孩子，你就會消氣了。

這裡要記住的重點是，生氣的能量可以不用傷人或破壞的方式宣洩出來。相反，可以用建設性的方式**消除**挫折感。假如原先的受挫感未能消除，許多人會學著接受替代的目標，並因此獲得差不多一樣的滿足，有時甚至是更大的滿足。

用生氣回應就像火上加油，只有讓火燒得更旺。用阻燃化學品會好得多吧，箴言說明何為適當的反應：「回答柔和，使怒消退；言語暴戾，觸動怒氣。」（箴言 15:1）

這節經文並非說怒氣會**立刻**轉消，但到了時候會消退的。要記得，你必須預先想好對方生氣時你該作何反應，包括口語和非口語的反應，如果你期待使對方的烈怒消退，甚至得先演練一下。如果等到發生激烈口角時才想該作何反應，那麼你將無法改變你舊有的反應方式（並且由於體內起了變化的緣故，你一時也改變不了自己對生氣的反應）。你要事先預想聖經的教導並多加練習，才能夠有充分準備做出最適當的反應。

為什麼當家人對你的話毫無反應時，你會生氣呢？為什麼當孩子不乖乖地整理房間、不幫忙拖地、不洗碗，你就在那邊生氣呢？對沒有仔細拖地的兒子開罵表達你的生氣，並不能教他如何正確地拖地。對邋遢的女兒怒罵並不能教她如何保持整潔。能夠有助於解決問題的，是一步步地指導（即便已經教過了）。

生氣的另一個結果是，你變成一個傳染力很強的病菌帶原者——這病菌就是生氣的本身。如果你用生氣的反應，很快就會把這細菌傳染給周圍的人。如果你對配偶生氣，假如他或她也同樣報以生氣，你可別驚訝，是你給你的配偶示範的。雖說你的另一半要對他或她自己的情緒反應負責，但依舊是你先示範了生氣的反應。或許，如果你用溫和但堅定的方式回應，另一半也會效法的。

降低你的挫折感

無論在我的諮商室或在研討會上都一再聽到人對我說：「諾曼，我也不想用生氣的方式對別人說話，尤其是不想對我的家人，但總是一股氣上來我就發飆了！我的忍受力也是有限度的，我知道我真的很愛他們，但有時候我又不太喜歡他們。我不知道怎麼改變自己。」

通常我的回應是，問他們一個問題：「當你的家人令你感覺受挫或生氣，你把焦點擺在什麼上：是他們對你說的話有什麼行為反應，還是你希望他們有怎樣的行為？」

通常他們回答說：「啊，我會一直在想我不喜歡的事情和我那些破壞感情的話。我會把這些一遍又一遍地倒帶，然後為我傷害了他們而自責不已。」

「你可知道你一再重演失敗的情景，反而是給自己設定重蹈覆轍的程式？」

他們通常一臉困惑，但我說的是真的。你花那麼多時間反覆地想你**不應該**做的事，反而是在強化。不但如此，你花大把時間精力在腦海重演失敗，哪還有精力去構思你真正**想要**做的呢？把你的時間精力重新放在可大大改變你如何與他人溝通的解決方式上，把注意力集中於你想要如何回應你的挫折，以及你**將要**經歷的改變吧！

讓我們來思考你能採取哪些步驟降低挫折感，並克制住你不想衝出口的話。

第一步是找一個你能分享心事且能培養問責關係（accountability relationship）的人。這個人選要願意跟你一起禱告，定期查明你做得如何。如果你們是夫妻共同要走這個過程，就找另一對可保持問責的夫妻。我們都需要他人的支持和協助。

你也需要對你想要做的改變誠實負責，包括對自己和對別人誠實。拿一張紙，把以下問題的答案寫在紙上，然後跟你的代禱夥伴分享。

- 受挫是什麼感覺？請具體描述。生氣時你有什麼感覺？有些人還滿享受他們的挫折和生氣的，那使他們快速分泌腎上腺素，又給他們一種能力感。這段描述是否也在某方面適用於你？
- 當你感到受挫，你會想要控制住你的反應，還是會想要即時做出反應？換句話說，你想要自己做決定還是要被感覺牽著鼻子走？
- 如果你想要把持自己不失控，那麼你願意花多少時間和精力使自己有克制力？為了使改變發生，需要保持動機的強度和持續力。
- 當別人做的某件事令你抓狂，你會希望自己怎樣反應？在那當下你會希望說什麼？請具體形容。

神給人默示讓他們寫下聖經，又保存數千年，使我們今天仍可讀到祂的話語，當然是有原因的：**神對人生的指南總是最好的**。不管你過去是否經驗過，也不管你是否聽過這樣的教導，但神的計畫總是行得通！

請把以下箴言抄寫在卡片上，一節用一張卡片：

說話浮躁的，如刀刺人；智慧人的舌頭卻為醫人的良藥。（12:18）
不輕易發怒的，大有聰明；性情暴躁的，大顯愚妄。（14:29）
不輕易發怒的，勝過勇士；治服己心的，強如取城。（16:32）

把你發現的其他關於挫折與生氣的經文也抄下來，累積你的卡片。每天早晚各朗讀卡片上的經文一遍，持續三星期，必能深印你心。

你必須打算要改變，才能夠改變。雖然你的用意是好的，但只要「受挫—怒氣」被啟動，你的清晰思辨力就受到限制。

當受挫感開始上來時，你想要說什麼？要事先想好，要具體，然後把你的反應寫下來，唸給自己聽，也唸給你的代禱夥伴聽。在我的諮商室裡，我常讓當事人拿我當練習對象，練習說那些新的反應，而我就試著作出對方的反應。以我為練習對象，他們能把措辭修改得更順暢，消除焦慮或不自在的感覺，並能對這個新的方式獲得自信。你的另一半或是代禱夥伴可以在這方面協助你。

開始訓練自己一辨識到受挫，就**延遲**口語和行為反應。箴言一再勸勉我們不輕易發怒（直譯是**慢慢地**動怒）。如果你想要改變多年養成的發言習慣，就必須把你的反應放慢。當我們容許挫折和怒氣毫無阻礙地表達出來時，它們就像失控的火車頭，你需要在動能累積起來以前就將其控制下來，才能夠換軌而駛向正確方向。[24]

一個轉換方向的有用辦法是利用**觸發字**，每次你覺得裡面一股生氣或挫折感升起時，就提醒自己慢下來，然後對自己說「停」，「想」，「克制」之類的觸發字，來把持自己不失控。這些字眼能幫助你換檔，把你的新計畫推上路。

我常建議的一個平息怒火的作法是：在腦海裡發給對方許可證，准許對方參與那令你受挫的行為。這可平息你的怒火，又可給你時間執行一個冷靜的計畫。

我不是在建議你放棄情緒反應，讓別人想做什麼就去做。有些行為危害甚鉅，必須直接反應。

許多人聽了我這個給予許可的策略時，都充滿懷疑。但試過之後，就會回來報告他們試行後的驚人成果。有一位說：「諾曼，初聽你的建議時，我想說你瘋了吧。但我試過了，我發現受挫感降低了。我的姿態也不那麼死板板，比較可以放鬆地面對那人了。」

你的內在對話——也稱為自我對話——決定你的受挫感被馴服下來，還是被煽動起來。你對別人說或做出什麼，取決於你怎麼告訴自己他們的行為和反應是什麼。自我對話就是你跟自己所想的言語和觀念對話，事實上，你最強大的情緒——生氣、憂鬱、罪咎、憂慮——還有你作為一個人的自我形象，都源自於你的內在對話，也被內在對話餵養著。要避免你的挫折感演變為傷人的言語，必須改變你的內在對話。

有些時候你預先知道情況會令某人生氣——就是你。如果你注意聽自己在類似的情況通常都說些什麼，必能聽出兩件事：是什麼引起你生氣，以及你能做什麼來調整你的態度。你也會發現你的期待在哪裡，這樣一來那情況就比較不會令你生氣。以下舉幾個例子說明可降低怒氣的自我對話：

- 不要把別人說或做的事當作是針對我個人。
- 不管發生什麼情況，我知道我可以學習控制我的挫折和怒氣，我有這能力，因為有耶穌和祂的力量在我裡面。
- 我要保持冷靜、自制。
- 能觸發我說：「很有意思」、「我會想一想」或「能請你把這情況再說詳細一點嗎？」的話，我才回應。
- 犯不著讓這情況困擾我。
- 如果我開始覺得不高興，我就做幾個深呼吸，放慢速度，延遲反應，刻意把聲音放輕柔一些。[25]

關於我們如何思考，神的道告訴我們很多。如果你很難消除負面的內在對話，我建議你把以下經文抄在卡片上，開始每天早晚各讀一遍給自己聽：以賽亞書26:3；羅馬書8:6-7；哥林多後書10:5；以弗所書4:24；腓立比書4:6-9；彼得前書1:13。

假如你採取這些步驟時心想：「不會有用的。」那你就是給自己設定為失敗。相反，你要這樣想：「我正採取積極的步驟解決我的挫折和怒氣。這真的會使我與他人的關係有所改變，我知道我的溝通會改善，因為我採取了這些成長步驟。」

為幫助你培養積極的態度，請花一點時間把受挫狀態的益處列出來，然後作比較，你想看到哪種結果？採取以下步驟，才比較有可能獲得益處。

你能做什麼

兩人之間無論怎樣表達生氣，你都要為你自己的生氣負責，另一人也要為他的生氣負責。生氣確實會發生在家人之間。

你可以生對方的氣又怪他或她害你有這種感覺和行為。但這樣一來，就是要求對方改變。你非要對方負責，這是你保護自己的反應，你是在說：「我會這樣都是你害的。」但若你把焦點放在自己身上，並且為自己有那種感受負責，解決問題的機會就大得多。

與其說：「你惹我生氣」，不如說：「你這樣做了，我為你這種行為**感到**生氣。」

當你的怒氣開始升高，這時對自己使用干擾手段。還記得前面有一章我們指出生氣的三個基本起因是害怕、受傷和挫折嗎？生氣是對這三種情緒的任何之一所作的第二個反應。

如果生氣是你想解決的一個問題，請隨身攜帶一張小卡片，一面寫上大大的「停！」，另一面寫上三個問題：

- 我現在是為某件事感到受傷嗎？
- 我是否有某種程度的害怕？
- 這次我是不是為某件事感到挫折？

你開始感到怒氣上升的那一刻，馬上取出卡片，先唸「停！」（適當情況下不妨大聲唸出來），然後翻到另一面，讀那三個問題並回答。放慢你的生氣反應，找出起因，這可幫助你解決問題。你還是可以重新負起責任，選擇用有助於平息對方怒氣的方式來反應，而不是去刺激對方。

他人的生氣

務必想清楚為什麼你想要減輕對方的怒氣。可能只是因為你對生氣很反感，或是你害怕情況失控，或者可能你覺得生氣只會延長而非解決歧見。總之，**自己要清楚為什麼對方生氣令你很不舒服**，然後在雙方平靜下來以後，說明你的立場。

其次，當你對他人生氣作反應時，要記得，**真正的情緒不是生氣**。不管對方生的氣有多猛烈、破壞力有多強，那仍然是他們感到害怕、受傷或受挫的一種表達。很遺憾，偽裝作用的怒氣並不能為你把問題清楚地指出來。如果你能在心裡默默地發給對方生氣許可證，那麼保持不動怒對你就比較容易。這時你可以專注在兩人之間真正的問題，以及生氣的根本原因上。當你學會面對另一人生氣而自己不動怒，那就是向前邁進了一大步。

平息另一人的怒氣有幾個方式，其中之一就是遵守「事前協議」。有時親子（或伴侶）可共同制定意見不同時的行為協議或公約，而對你來說第一步就是，遵守協議。以下是一對伴侶為了改善溝通和解決問題技巧，所發展出的兩點協議：

一、我們不在意見不同的過程中誇大情節或攻擊對方。

1. 我會單講那件事，絕不離題。

2. 我會先花幾秒鐘把話想清楚再說出口。

3. 我會先考慮這話一出去的後果，再決定怎麼說。

4. 我不使用「永遠」、「每次都」、「大家都」、「從來都不」之類的字眼。

二、我們會嘗試控制情緒的級數和爭論的強度（不吼叫、脾氣不失控、不說傷人的話）。

1. 如果有一人覺得自己的怒氣急速上升，我們會叫暫停，先冷靜下來。暫停的時間最短一分鐘，最長十分鐘。時間限定由需要比較長的時間才能冷靜下來的人決定。雙方利用暫停時間分開各自寫下目前討論的問題是什麼，這定義包括：第一，指出生氣的具體原因。第二，把這個問題範圍裡雙方意見相同的部分列出來。第三，把意見不同的部分列出來。第四，列出解決這問題的三個方案。然後帶著答案回來，由最不高興的一方先表示：「我很想聽聽看你在暫停的時候寫了什麼，請跟我分享，好嗎？」

2. 在我說任何一句話之前，先想想我會不會希望有人用同樣的措辭和口氣對我說這句話。[26]

生氣區

有些人喜歡用壓力檢測卡來測量他們的激動程度。卡片表面經過化學處理、對溫度和濕度非常敏感，藉以偵測一個人的壓力程度。用大拇指按壓十秒鐘，視你的壓力程度卡片會呈現黑色、紅色、綠色或藍色，全看你有多緊張或多激動。綠色或藍色反映出平靜、很少或沒有壓力。[27]

生氣時也有可停留的適合區間，家人常會移出溫和區（綠或藍色）而進入生氣的紅色區。溫和就是客觀而邏輯的，紅色表示緊繃的、不理性的生氣。介於二者之間有一個黃色區，此人雖對另一人感到生氣，但仍能控制住，不被怒氣掌控思維和行動。他還能夠讓對方知道他在生氣並且需要表達出來，但並不希望損害兩人關係。

當一個人從黃色區移到紅色區，所有黃色區的症狀全部增強，「紅色」區的特點是攻擊人而非針對問題，不理性地辱罵指控、詆毀對方的性格，你相信你數落的每一件事都是對方該受的。永久性的傷害在此產生。藍色區的特色是平靜地訴說和聆聽。[28]

你可以學會辨識你處於哪一區，讓對方知道，也要指出你正努力回到哪一區。有位丈夫說得好：「我在黃色和紅色之間遊走，我也不喜歡這樣。我想要把現在這種感覺丟掉，進入藍色區，請你好好聽我說。」

有些夫妻製作各色小旗子，插在預設位置以示生氣的程度。（有些家庭則是全家一起進行，各人製作專屬的一組小旗子，在討論事情或遇到意見不同的時候，就拿出自己的某種顏色的旗子，好讓其他家人知道自己生氣的程度到哪裡。）當一個人選擇用旗子來傳遞關於生氣的訊息，就說明他還能控制他的情緒。

用講的還是用寫的？

在平息自己和另一人的過程中，這樣問會有幫助：「現在做什麼對我們會是最好的？要把我們的生氣**講**出來，還是**寫**出來？」對於難以訴諸言語的人，用寫的可能有助於釋放多半會一直藏在心底的感受。至於高度使用口語者，用寫的可以避免他們在不對的時候說太多話。此外，比起用講的，用寫的常可幫助我們把問題看得更清楚。你們可以決定要不要把寫下來的東西給對方看，或是僅供抒發，不給第二人看。

寫的時候可以只把感受列出來，然後找出生氣的起因。你可以寫出你永遠不會直接跟對方說出口的話，或是寫一封（不寄出的）生氣信，獨自在房間裡把信的內容唸出來，然後燒掉或撕碎。把信毀掉之後，再回去跟另一半討論你們的問題。

07

生氣與饒恕

在任何關係中，如何避免怒氣升高？以下指導原則定能幫助你，但你必須願意去執行，不管別人做了什麼。

1. 不要拖到積怨很深。一旦察覺你感到受傷、害怕或挫折，就要表達出來。
2. 說出感受時務必配合對方的言談作風，假如對方是話少的人（內聚型），那麼你跟他或她的溝通就要盡量簡單扼要。如果對方喜歡延伸與解釋（擴大型），那就要提供細節和充足的資訊。
3. 一直拖延不表達感受，解決的時間也會拉更長。因此，你們要決定你們是想要冗長的，還是簡短的討論。在這方面你們的確有選擇，不妨建議一個時間長度。
4. 切莫話中有話地暗示對方有不可告人的動機，或是不可信賴。那樣，他就不會跟你談了。

5. 任何使對方產生罪疚感的企圖，都將變成你揮之不去的陰影。你的目的是要解決問題。

6. 選擇一種表示你要解決問題且終必獲得正面結果的態度，作未來導向的人。

7. 假如對方說話作人身攻擊，不要花你的時間和精力去回應，讓它自行流逝，你要鎖定目標。

8. 假如你一概而論或渲染事實（比如撒個小謊），立刻住嘴並糾正自己。不妨這樣說：「對不起，我真正想說的，比較接近事實的是……」，一發現說出去的話不是最好，就馬上糾正並坦承剛才做的事。這樣說真的沒有關係：「我剛才說錯了……」，「我試圖報復你，因為……」，「我承認我是想要傷害你，對不起」，或「我在為別的事生氣，卻把氣發洩在你這邊。」

9. 在討論之中不可發出最後通牒，就算得那樣做，也不是最恰當的時機，那會反映出你們之間有控制的問題或權力鬥爭。最後通牒幾乎是無效的。

10. 請你決定要不要再接著列出三個你覺得是積極又很有用的指導原則。如果你希望這張清單發揮效用，你就要每一天從頭到尾讀一遍，連續三個禮拜，然後你會發現自己有所改變。[29]

要記得：你的行為並不依賴別人做了什麼。倘若是，那就是你選擇了伏在別人的控制下。聰明的所羅門王提醒我們，有見識的人控制自己的怒氣：「人有見識就不輕易發怒，寬恕人的過失便是自己的榮耀。」（箴言19:11）不妨想像自己如何每日實踐這節經文，並寫下來。

當你感到對配偶怒火中燒，這時你要坐下來寫出你心中的感受，誠實又熱烈地寫出來——如實呈現你的感覺，驚嘆號、劃線都可以。然後把你生氣的原因寫在最後面，把起因找出來。

願意的話，寫「生氣信」給你的配偶。再次重申，誠實寫出你的感覺。你可以獨自在房間把信的內容唸出來，然後把信毀掉。

正向地表達生氣

當你發現自己在生別人的氣，請考慮選擇以下方式表達，因為這些方式目的是醫治而非傷害關係，用意是鼓勵而非使人喪氣：

1. **勿反應過度**。不要把情況縮小或放大，不要自以為知道問題是什麼。最要緊的並不是你認為問題在哪裡，而是對方怎麼看這問題。所以，你要傾聽。然後問問題。倘若牽涉到不只一個人，那就要聽聽各方的意見。給別人充裕的時間說明他們的看法。雅各書一章十九節告訴我們「各人要快快地聽」（意思是樂於聽人傾訴）。

生氣所涉及的強烈感受不容忽視或否定，突然爆發不見得是重大問題的徵兆。當父母對孩子生氣反應過度，所傳遞給孩子的信息是：「生氣是壞事，你生氣就是做壞事，你不乖。」小孩子像成年人一樣，會突然發一陣脾氣，但是，小孩子生氣跟大人有一點不同，非常重要：孩子通常不記仇、不懷恨，也不會謀劃怎樣報復。因為他們對人生的視野很有限，注意力也不持久，因此絕大多數的孩子都很容易原諒而把事情拋到腦後。他們傾向於接受人生給他們的，然後放手讓事情過去。對小孩子來說，每一天都是新的。[30]或許小孩子可以教我們大人一些事。

2. **使用第一人稱單數代名詞**。當你質問另一人時，用「我」而不是「你」作句子的開頭，說明你自己的感受。一開始用「你」以後，你的話就變成有濃濃的貶損、苛責、指控意味了。而用「我」作主詞，不但可以把你的重點表明得更清楚，而且降低了貶損他人身分的可能性。請考慮以下健康地使用「我」作開頭的句子：

- 我現在非常生氣。
- 我需要暫停，思考一下我的感受，跟神禱告。

- 我很難專心開車，當我們生氣成這樣的情況下。
- 我提議我們暫停十分鐘。
- 我累壞了，現在我需要和平、安靜，稍後我會願意跟你談的。
- 我很樂意幫你這件事，吃過晚餐後再做吧。
- 我不喜歡你那樣子對我說話。
- 我會感謝你的，如果你能夠說……

3. **只談當下這件事**，不要翻舊帳。

4. **保持簡短**。你可曾處於被父母、配偶或老闆數落個沒完的情況？那種感覺你還記得吧？你可記得你很想對那人說什麼？冗長的數落可有增強你聆聽的動機？有鼓勵到你嗎？大概是沒有。

我們的注意力持久度都是有限的。製作電視廣告的人都知道這一點，並據以花費鉅資建構他們的信息。你的信息越短越簡單，他人能接受的可能性就越大。

5. **要具體**，把焦點集中於根本問題。表達生氣時要能描述、要準確、要抓住重點——不是好幾點，而是一個重點。最重要的是什麼？什麼是可協商的，什麼是不容商榷的？你知道嗎？對方知道嗎？

6. **問自己：「我的動機是什麼？」**我想要達到什麼？我怎樣運用這情況傳達我的愛與關心，拉近我們的距離，強化彼此的信任呢？你的目標應該是：傳達怒氣是為了讓對方知道他或她依然是寶貴而重要的人。

未解決的怒氣帶著毒性

怒氣未解決，它並不會保持原樣，通常會積怨而使你對那人產生怨恨的感覺，且常伴隨著想讓那人嚐嚐苦頭的欲望。

想想看：當你對另一人懷怨時，就是把你情緒狀態的控制權交給了那人，你覺得這樣好嗎？絕大多數人都希望能完全掌控自己的情緒。但假如你恨某一人，掌控情緒的大權就不在你這裡！你把大權拱手讓人了。你讓那人按你情緒的按鈕，使你生氣、使你受挫，或使你充滿苦毒。

你必須問自己這個問題：「我想放掉我的怨恨還是想要報復？」許多人掙扎著要不要饒恕、要不要放過別人，一隻腳要朝饒恕的路走，另一隻腳要走報復的路，你根本無法動彈。何不乾脆點，選擇一條路走？

如果你心裡面想報復的念頭還是強過饒恕，那麼請問你要怎樣報復？對方知道你討厭他或她嗎？他或她曉得你克制不了報復的念頭嗎？你曾經把攻擊計畫詳細地寫下來嗎？你曾坦白地告訴對方你的感受和你的復仇計畫嗎？若沒有，何不告訴對方呢？假如你想要報復，何不做個了結，好釋放你自己，從此自由地追求充實而不受限制的人生？

你的反應可能是：「我可沒發瘋啊！這點子太荒謬了！你怎能建議這種根本不合乎聖經的點子呢？我絕對不會想要報復的，就算有想，也不會去做的。」真的嗎？那麼為何不做另一個選擇——完全放掉你的憤恨，把憎惡怨恨的感覺全部清除呢？

放棄怨恨可能也得放棄責怪對方害你落到這種困境裡，替自己覺得難過，而且一直用負面言詞談論對方。你是對的——饒恕的代價不低；但，憎恨的代價卻要你持續付個沒完。

克服怨恨

克服怨恨的方法有很多，第一，將有關那人令你生氣、怨恨的事一一列出來。盡可能詳細地寫出你所記得的每一件傷害或痛苦的事，把當時發生的事、當時你有什麼感受、現在覺得怎麼樣，都盡可能仔細地寫下來。

某人分享的怨恨清單如下：

- 我覺得受傷，因為你當著別人的面挖苦我。
- 我很生氣，你竟然說很難苟同我。
- 我討厭你不聽我說話。

另一位則分享她對父親的怨恨：

- 我痛恨一件事就是你竟罵我是垃圾，而且真把我當垃圾看。
- 我厭惡一件事就是你背著我媽在外頭亂搞，還命令我不准說。
- 你為了自己的利益而試圖利用我的那副樣子令我生氣。
- 我恨你不按著我原本的樣子愛我。
- 我覺得忿忿不平，今天我的人生之所以一團糟，都是因為想要向你證明我一輩子沒用，就像你曾說的那樣。

●我恨你和天下所有男人。

你在列清單時請留意，有可能經驗到情緒大起大落。其他埋藏已久的感覺可能在此時浮現，或許會令你激動一陣子。所以在條列清單之前，第一，請先向神禱告，求神把你埋藏的記憶顯明出來，好讓你把所有的怨恨清空。然後感謝神，此時此刻把那些感受全部挖出來、丟出去，對你是好的。

不要把這張清單給任何人看。

第二，盡可能把怨恨寫出來之後，暫停，休息一下。藉此你或許能想起其他需要吐露的怨恨。有些事你可能想不起來，無所謂，不需要每一件事都記得。

第三，寫完之後，進入一個有兩張椅子的房間，想像另一人坐在那裡，接受你說的每一件事。慢慢來沒關係，注視那張椅子，彷彿對方正坐在那裡，然後開始唸你的清單。剛開始你可能覺得怪怪的，甚至有點尷尬。但那些感覺會過去。你會發現自己在強調你寫在清單上的事，不一會兒，你會發現怨恨的感覺慢慢消失了。

另一個有用的辦法是，寫一封不寄出的信給你所怨恨的那人。切記，千萬不要真的把這封信交給你心裡所想的那人。對有些人而言，用文字道出心聲，比用嘴巴講出來更有幫助。

信件的起首語可以是：「親愛的＿＿＿＿」，這不是在練習書信格式、字體端正或正確標點符號，你只是要找出、表達和發洩你的感覺而已，起先可能覺得很難，但只要提筆開始寫，言辭和感受就會逐漸湧流。讓所有在心底洶湧翻騰的感覺，全部宣洩出來吧。這不是評估那些感受的好壞對錯的時間，因那些感覺確實存在而且需要宣洩。

我為人做諮商時，會請當事人寫這樣一封信，並且在下一次諮商時帶來給我。他們多半一進來就把信交給我，我就說：「不，我希望你先把信留著，待會兒我們會用到。」在適當的時候我會請他們把信的內容唸出來。由於諮商室裡有一把空椅子，我會請他們想像所怨恨的那人就坐在那把椅子上，聽他唸這封信。

我還記得有一個人寫了一封特別長的信，聽到我要她當著我的面唸出來，十分驚訝。那封信是寫給她母親的，在頭十五分鐘裡那人邊哭邊唸，但是最後五分鐘，啜泣止息，她的聲音裡透露出一線正向的亮光，直到把信唸完。藉此經驗，她的怨恨全宣洩了。

饒恕相對於怨恨

你知道怨恨的相反是什麼嗎？沒錯，就是**饒恕**。你或許不會忘記那人做了令你非常生氣的事，你會記得。但另一方面，或許遺忘也可能發生，請思考一下：

韋伯字典對忘記的定義，可使你洞察你所能選擇的態度和反應。忘記的意思是「找不到對於……的記憶，以不去注意或忽視對待……，刻意地忽視；忽略；停止記念或停止注意……到一定的時候就記不得了。」

不饒恕表示把內在的折磨強加給自己。饒恕則是說：「沒事，結束了。我不再怨恨你，也不再視你如仇。我愛你，即使你不能以愛回應我。」

史密德（Lewis Smedes）說：

當你饒恕某個傷害你的人，是給內在靈魂動一場靈性手術；切除掉你被人辜負的事，好讓你能用那雙醫治你靈魂的神奇眼睛，看著你的「仇人」，把那人與那傷害分開，把傷害放掉，就像小孩子打開手掌，讓一隻受困的蝴蝶飛走一樣。

接著你邀請那人回到你腦海中，全新的，彷彿你們之間有一片段歷史被擦掉了，它對你記憶的戕害也被破除了。你反轉了你心中那道看似不可逆的痛苦之流。[31]

我們都有饒恕的能力，因為神已經饒恕我們。祂為我們立下一個最美的饒恕榜樣。要讓神的饒恕滲透到我們整個生命，使我們更新，這是邁向成為饒恕之人的第一步。[32]思考以下由一個生氣的人所作的饒恕的祈禱：

慈愛的神，我為祢的智慧、慈愛、大能讚美祢。感謝祢賜下生命，以及生命的喜樂與奧祕。我為各種情緒——包括生氣，向祢獻上感謝。

求祢赦免我沒有隨從祢的引導，反而被我的怒氣牽著鼻子走。求祢使我覺察到哪些事做了會使別人生氣——並幫助我改變那些事。求祢指示我如何清除我對別人的冒犯，並賜給我勇氣開口請求原諒。

幫助我能夠看到怒氣後面的那個人，在那人身上看見祢的創造，並且去愛他們。教導我如何饒恕，也求祢使我謙卑地給人饒恕的恩典。

求祢使我起來反對不公不義和其他惡事。指教我如何將精力導向積極的事奉，免得虛耗在怒氣中。

祢要我服事周圍的人，求祢幫助我明白那是什麼意思，喚醒我並幫助我辨認生命中每一個服事的時刻，好讓我把握每一個機會讓祢的慈愛藉我流向他人。

天父，為祢的慈愛獻上感謝。感謝祢差基督來到世上，讓我們能得著生命，而且是更豐盛的生命。感謝祢差聖靈來，安慰我們、引導我們度過每天生活中的不確定和迷惑。奉基督的名禱告，阿們。[33]

第三篇 給壓力的解答

許多時候並不是哪一件事導致你壓力大，那麼問題的起源在哪裡？壓力的情形大多牽涉到自己和外在世界間產生某種衝突。我們的壓力多半來自哪裡？無論兒童、青少年或成人，壓力都來自我們自己的心思意念。

08

壓力是什麼？

盜賊來，無非要偷竊，殺害，毀壞；我來了，是要叫羊得生命，並且得的更豐盛。（約翰福音10:10）

壓力到底是什麼？壓力就是**經年累月困擾你，使你心煩，或使你不高興的任何人生處境**。它可以是任何類型的行為，只要是把衝突或大量要求加在你身上都算。那會怎樣？很簡單，會打翻你身體的平衡狀態。

我們的身體天生配備一套精密複雜的防禦系統，為的是幫助我們適應人生各種威脅與挑戰。任何時候感到緊張或威脅，身體就會迅速啟動「戰鬥或逃跑」的防禦系統。在壓力之下，身體分泌大量的腎上腺素，擾亂正常的功能而製造一種緊張的衝動感。

這時我們好像一條被拉長的橡皮筋，通常當壓力解除，橡皮筋就會回復正常。不過，當橡皮筋被拉得過長，或是保持拉長的狀態過久，就逐漸失去彈性，容易脆化而出現裂痕，最後斷掉。生活壓力過大所造成的後果與此類似。

不過，對某一人壓力很大的事，對另一人卻不見得。對某些人而言，壓力是憂慮未來無法避免的事情，而當事情發生之後，他們還是在擔心。對另一些人而言，人生的磨耗損傷就是壓力，也被稱為「影響力」。

儘管有些人視壓力為緊張，有些人視為焦慮，但壓力並不全是壞的。為了保持生命的正常運作，我們需要一定的壓力與刺激。壓力的時間不長的話，對我們是好的。是壓力**過重**才會把我們壓垮，而錯誤類型的壓力也會把我們靈裡的喜樂破壞殆盡。好的壓力稱為「良性壓力」（eustress，源自拉丁文的eu，意思是好的。良性壓力是正向的、有益的，因為它不會持久不退，也不會不斷地施加於人）。良性壓力催促我們作出正向的改變，這種好的壓力是把我們拉長的阻力，可是很快地，我們的身體又會重新恢復平衡狀態。身體沒有回復正常的休息並復原時，那就是出現不好的壓力，又稱「惡性壓力」（distress）。

壓力的起因

使你產生以下任一情況時，就是給你造成壓力了——

- 讓你很煩
- 讓你感到威脅
- 令你激動
- 使你受驚嚇
- 令你憂慮
- 使你急急忙忙
- 使你有挫折感
- 令你生氣
- 令你感覺被挑戰
- 令你難堪
- 貶低或威脅到你的自我形象

不過許多時候並不是有哪一件事導致你壓力大，那麼問題的起源在哪裡？製造壓力的情形大多牽涉到自己和外在世界之間產生某種**衝突**。例如，設若一名青少年翹課跑去海邊（滿足個人意願），他就因缺席而給自己跟學校之間製造新的問題。設若一位母親過度投入教會的事工，以致時間和精力不足以應付家庭的責任，家人就得分擔新的要求。假如她不把來自外部和內在的要求平衡過來，她就會感到緊張和壓力了。

我們的壓力多半來自哪裡？無論是兒童、青少年或成人，壓力都來自**我們自己的心思意念**。損傷力最大的壓力來自無法以行動消除的威脅，因它僅存在於我們的想像。有些人想像最壞的情況，他們憂慮，而憂慮又製造更多威脅和想像中的恐懼。就算是對身體的威脅確實存在，但根本問題仍在心思裡面。帶給人憂慮的情況有可能是最麻煩的壓力。但另一方面，已經學會遵照聖經所說的「心裡不要憂愁，也不要膽怯」（約翰福音14:27）的人，將能遊刃有餘地應付生活的種種壓力，包括真實的和想像的壓力。

壓力的症狀

你的情況如何？是否做決定變得愈來愈困難，甚至很小的事都無法決定？

你發現自己一直傾向於發呆或幻想「擺脫這一切」？是否每天出現好幾次？你是否更常為了讓自己安定放鬆而服藥，亦即服用鎮定劑或興奮劑？是否發現你在講話或寫東西時，思緒卻漸漸飄遠了？是否為所有的事情過度憂慮，連別人的憂慮也一併攬過來？是否經歷脾氣突然爆發？生氣的強度和表達是否都提高不少？你開始忘了跟別人約好的事情、時間和截稿日？儘管那通常並非你的模式？你負責任的形象是否開始碎裂？

你發現自己在苦思一些事件與問題，不只是重大事件，小事也讓你苦思不已嗎？是否很小的事情也會使你坐下來發呆？你開始沒來由地感覺力不從心嗎？是否開始聽見別人對你說：「你最近好像跟以前不大一樣」，因為他們曉得你的典型行為起了變化？

以上都是壓力超載的症狀。有任何一句描述符合你嗎？若有，歡迎來到壓力的世界。

人生三大壓力情境

壓力是個簡單又常見的字眼，用來籠統說明找不到其他理由的身體和情緒的反應。但壓力是真實的。

為使我們開始察覺生活的壓力，最好的方法就是辨認三大類型的壓力。

第一個類型叫A型（請不要跟「A型性格」混淆），是**可預知而且可避免的**。假如你打算乘坐「殺手」雲霄飛車，或是看剛上映的血腥暴力科幻電影，你預先知道會碰到壓力，而且如果你想要避免就可以避免。

也有一些可預見且可避免的壓力，卻不是你所能控制的。世界面臨自然資源耗竭的威脅，我們也看到環境污染日益嚴重。另一個威脅是核子戰爭的可能性未曾消除。因這些不確定性而來的壓力，對任何人都是很難應付的。

B型則是**不可預知也無法避免**的來源所導致的壓力，危機事件即屬於這一類，好比朋友或家人過世，坐車或是參加體育活動時發生意外，猛然發現你們面臨離婚或分居，或得知某個手足得了愛滋病。

這些帶來壓力的情況，將極大的要求加在我們身上。許多是危機，有些可能是重創。

你必須處理你自己的情緒、狀況本身，以及他人的反應。必須面臨離婚的人，或是因肌腱撕裂傷而失去大學體育獎學金的高中生，都必須在兩方面做很大的調整：第一，從一個新的角度思考自己的事；第二，換個方式與他人相處。

第三類型的壓力情況，C型，是**可預知但無法避免**。

無法對它採取行動的威脅是殺傷力最強的壓力，因為它僅存在於我們的想像裡。有些人想像最壞的情況，我們憂慮，而憂慮又製造更多壓力和想像出來的恐懼。就算確實會對身體構成威脅，但問題仍在我們的心思上。「你們心裡不要憂愁，也不要膽怯。」（約翰福音14:27）學著操練吧，你將更能應付人生的壓力，包括真實的和想像的種種壓力。

換個角度來思考我們的思想生命如何受影響。美國田納西大學傳播系主任哈斯欽博士（Dr. Jack Haskins），針對壞消息造成的影響做了為期十二年的研究，關於包含四個壞消息在內的五分鐘廣播節目會產生什麼結果，以下是他的結論：

1. 總是讓聽到的人更沮喪。
2. 留給人對於世界和他人更負面的觀感。
3. 聽完後使人傾向於盡量少去幫助別人——何必多此一舉？

4. 聽到壞消息的聽眾覺得自己很可能會成為暴力和壞事的受害者。

5. 在美國影響人們的新聞約有九成五是負面的。

6. 比起加拿大，在美國廣播新聞的壞消息多了五成。

早上你打開收音機第一個聽到的是什麼事情？晚上就寢前你看的最後一個電視節目是什麼？

基督徒迷思的壓力

我們抱持的既非不正確，也並非不健康的信念，也會成為一些壓力的來源。愛德華茲（Judson Edwards）認為，嚴謹的基督教信仰有以下迷思也會限制我們：

1. 如果我做得更多，上帝會更愛我。（事實是：現在上帝完全地愛著我。我竭盡全力、汗流浹背所做的一切敬虔善行，都不能使祂的愛增加一點一劃。）

2. 比起玩樂，工作才比較像是基督徒做的事。（事實是：我們信心的真正試驗乃是看我們能不能歡笑、珍愛生命、歡慶上帝的美善。）

3. 我不能犯任何一點錯誤，因為世人都在看我的見證。（事實是：我絕對不能犯錯的想法，是個嚴重的錯誤；並且，認為世人對我的人生特別感興趣，也是個狂妄的錯誤。）

4. 對於有些不曾讀過聖經的人，我就是他們唯一讀的聖經。（事實是：神一直在這世上工作，倘若在某個奇怪的、料想不到的機遇中，我從世界的舞台消逝，就算沒有我，祂也應付自如。）

5. 道德是基督教信息的核心。（事實是：恩典才是基督教信息的核心。）

6. 當我臨終時會後悔還有好多事未能達成。（事實是：如果我還有時間後悔的話，我會後悔沒能更盡情地去愛、更充份地享受人生。）

7. 絕大多數基督徒（包括我自己）都很懶惰、沒有盡心盡力。（事實是：絕大多數基督徒，包括我，都崩耗而且不抱幻想。）

8. 絕大多數基督徒（包括我自己）都需要學習努力工作，不可懈怠。（事實是：絕大多數基督徒，也包括我，都需要學習放輕鬆、體會喜樂。）

9. 專注於我的喜樂是自我中心、是錯誤的。（事實是：喜樂是神與我同在的證明之一。）

10. 生命是一件嚴肅的事，我必須認真地看待。（事實是：人生是充滿各種興奮的可能性的神聖禮物，我必須時常心存感謝。）

為了強調，容我再說一遍：我們的痛苦多半是自找的。**聽起來**像是壞消息，但是這個前提其實蘊藏應許在內。因為如果我們自己製造許多壓力，那就意味著控制壓力的也是**我們**。換言之，我們使它存在，也可以使它**不存在**。我們可不是任憑惡魔般的壓力擺布、毫無能力的破布娃娃。並且，倘若我們曾選擇那種招致壓力的生活方式，那麼也可以選擇能鑿開內在平靜之湧泉的生活方式。我們的壓力有相當大的程度，掌握在我們自己手中。

分界線是：除非我們明白壓力大多是一種選擇，否則永遠不知道我們能夠跨越而邁向內在的平靜。我們將默默地咒罵命運，苦苦地想著一份更好的工作，嚮往一個更理解自己的家庭，一天比一天活得更痛苦。只要我們一直認為全部的壓力都是「從外面那邊」來的，我們就不想花力氣去應付、去解決。何苦跟必然發生的事對戰呢？[34]

09

女性的壓力

看過了壓力的特點之後，現在讓我們具體來看，就女性而言，製造壓力的原因有哪些？對這位女性是壓力，對另一位女性可不一定是。你的成長背景、人生經驗、過去學到的如何應付人生的苦惱，乃至於你的神經架構，全都會影響你怎麼反應潛在壓力狀況。

別忘了，並非所有壓力都是不好的。良性壓力可以帶動我們的積極性和主動性，它不會持續很久，但會帶給人一種歡快的感覺。

一名女性治療師翻遍她十年來女性病人的治療筆記，找出女性特有的壓力：

- 有些壓力與生理有關：胸部發育、月經、懷孕和更年期。
- 有些壓力隨人生的變化而來：為人妻或為人母、經歷離婚或經濟崩潰、在一個青春取向的社會裡邁入四十歲、已成年的子女搬回家住，以及變成寡婦。

● 孤單的單身女性和家庭主婦需要打破常規、重返學校或發展職涯時，會感到壓力。職業婦女受到壓力必須放棄工作、回到家庭、照顧家人，對她們是壓力。或是一位被工作榨乾精力、常短缺睡眠和金錢的女性，也會有壓力。

● 有些壓力源不是那麼明顯，但其不僅分散女性的注意力，長時間下來也耗盡她的資源而使她感到壓力。這些壓力源包括：通勤的壓力、獨力照顧年幼的子女、因身為女性而有被攻擊和受害的威脅、對抗別人的沙文主義、性別言論和性騷擾。

● 最後是人生的危機，很遺憾，挺身應付危機的多半是女性而非男性。包括照顧生病或臨危的父母或子女，教養身心障礙的孩子，以及應付她自己的離婚創傷或子女的離婚創傷。[35]

為何女性有壓力

讓我們更進一步來看為什麼今日女性會感到壓力的一些原因。

障礙、矛盾感、期待改變。魏絲特（Sheila West）於《混亂之外》（暫譯，*Beyond Chaos: Stress Relief for the Working Woman*）中談到「玻璃天花板」，以及她所謂的「暈眩效應」。玻

璃天花板是一種自覺的障礙，女性可以看卻得不到；在企業內部，職位到一個地步就不能再晉升。

暈眩效應很難克服，因為它的要素是改變加上顧慮等於不確定性。許多女性有這種現象。經常的改變加上有關工作的顧慮，使她們感覺像剛颳過一陣龍捲風。[36]暈眩效應中混雜各種相互抵制的感覺：「我真的好想要工作！」相對於「什麼時候我才能夠辭職啊？」和「真的要一直這樣做下去嗎？」；「這太有挑戰性、好多有用的訊息啊」相對於「這麼多截止日期怎麼辦啊？救救我！」魏絲特評論這些互相矛盾的感覺給女性製造一種不確定感：

對許多女性而言，生涯猶豫的出現是從剛佔有職缺就開始了，而非在職涯小有所成時。職缺是接受一份必須完成的工作，而職涯是追求一份有長期意義的結果，就算只是在短期的基礎上追求。

如果我是因為有一份工作而必須去上班，我的眼界就被侷限在狹隘的現實中。「只是一份工作」這話給人不愉快的聯想：乏味的任務、枯燥的常規、只能忍耐的事。在這種環境下，一種漫無目標的鬱悶感勢必隨著日常活動油然而生。過不了多久，我們會開始問：「現在怎麼辦？」當我們不確定自己有做出什麼成果，或是連基本原則都不確定，再看到微薄的月薪，我們就不斷質疑當初是否做錯了決定。

但感到期待與現實的落差，不僅僅是困在菜鳥職缺的女性而已，連職涯已上軌道的女性也常發現職場變化之快令她們措手不及，在許多領域上似乎都沒有太多穩定性或延續性。

女性常發現保持競爭優勢意味著踩著別人往上爬，而非延續成就。新的挑戰的激動很快退去，取而代之的是變動太快以致無法做足準備的痛苦。我們以為知道自己想要的是什麼，但是一旦獲得卻又不確定自己在想什麼。

暈眩效應使我們為著要不斷證明自己、要費力去避免跟別人產生不必要的衝突，又要承受必須維持高品質績效的壓力而感到挫折。那壓力可以大到就算我們真的很愛工作，也會想拋開一切的地步。成就的喜悅與求生存的奮鬥完全不相稱。[37]

在已婚者世界裡單身也是一個問題，較之以往今日女性更可能經歷離婚，更多女性不結婚，不生孩子。較之以往，不依靠男性的女性為數更多。[38]

然而，如果你是單身，你會因為單身而有壓力，尤其如果你年紀不小了想找個人定下來。如果你的年紀超過三十四歲那就難了，因為合格的男性範圍非常小。「我必須找一個男人」的壓力迫使許多三、四十歲的女性難以活出豐盛人生。

還有另一種壓力：我們的社會怎麼看單身女性？是正面還是負面的看法？刻板印象是，單身女性並不快樂而且可能在某方面有缺陷。[39]

新的自由、選擇更少。引起許多壓力和怒氣的是，許多女性以為長大後會擁有的人生，結果卻事與願違。沒錯，她們是有新的自由和改變，但選擇變少了。天長地久的婚姻、子女、應付工作和家庭，都不是當然的事了。較之以往，人生的不可預測性提高了。我們以前常聽人說，女性可以擁有她們想要的一切，但現在許多人已不這樣想了：不只因為實際上並非如此，還加上伴隨著更多新選擇和生活型態而來的，是空前的巨大壓力。

更多工作機會為女性開啟，但也為女性的生活帶來更多壓力。兼顧職場家庭的女性發現，她們雖然出去上班，但依然被期待做好家庭主婦該盡的義務。丈夫不大幫忙家務，部分原因在於他們很容易擺脫那些義務。自然而然，這導致緊張和生氣，最終變成一肚子怨氣。

為出去上班而內疚。許多兼顧家庭職場的女性，尤其是已經有小孩的，常跟出去上班的內疚感搏鬥。出於彌補的心情，她們回到家以後付出加倍的努力，以示她們是稱職的母親，能夠兼顧事業和家庭。但不久她們就充滿壓力，感情槽空空如也，成了崩耗的候選人。[40]

婚姻陷入泥淖的家庭主婦。我時常聽人說，到頭來活得最充實的女性是那些待在家裡相夫教子的（暗示「家庭才是女性的歸屬」）。假如你也是贊同以上這話的人之一，可能你會對美國心理學會女性與憂鬱專案小組的調查發現，感到十分驚訝。

報告中引述一份女性憂鬱程度的研究，將憂鬱程度分劃九個級別，由低到高依序如下：

1. 婚姻關係緊張程度低，工作上壓力程度也低的職業婦女。
2. 婚姻關係緊張程度低，但工作壓力高的職業婦女。
3. 工作壓力低的未婚女性。
4. 未就業而婚姻關係緊張程度低的人妻。
5. 未婚而工作壓力高的職場女性。
6. 婚姻關係緊張程度高而工作壓力低的職業婦女。
7. 未婚、未就業的女性。
8. 婚姻關係緊張程度高，工作壓力也高的職業婦女。
9. 未就業而婚姻關係緊張程度高的人妻。

最幸福的女性是那些在工作和婚姻上都感到快樂的女性。而最不快樂的女性是婚姻陷入泥淖的家庭主婦——她們罹患憂鬱症的風險是第一級別者的五倍。[41]

要做的事太多，時間太少。對許多女性來說，時間是壓力源之一。即便是在經濟上遇到困難的女性中仍有三分之二的人表示，相較於金錢，她們寧願有多一點自己的時間。[42]

許多女性往往攬下太多事，或是在有限的時間幅度內企圖達成太多事，以致給自己的生活增加許多壓力。她們常答應參加新的活動，卻從來不評估哪些是真正重要的，所以她們乾脆每個活動都不錯過。時間壓力很大的女性可能是被自己不切實際的理想，或別人的期待所驅使，或是兩者都有。

疲累。之前有一章提過，女性指出疲累是使她們易怒的第一要因。疲累也是造成憂鬱和壓力的一大原因。許多女性，不管是單身或已婚，在試圖兼顧事業和生活上種種要求時，開始感到疲於奔命。

睡眠不足也是一個重要的因素。《失去睡眠》（暫譯，*Losing Sleep*）這本書指出，嗜睡正如流行病般橫掃全球。[43]《時代雜誌》提出許多證據顯示，睡眠剝奪已成為美國人的一大問題。[44]

睡眠專家告訴我們，如要使身體在最佳狀態運作，需要七到八小時的睡眠，絕大多數女性不在此列，她們每晚平均僅睡五到六小時——長期睡眠不足，終將危及一個人的能量來源。睡眠太少導致情緒控制力較低、活力較低、清晰思考較低，而生病、發生意外、跟人起衝突，以及生氣的風險卻大大提高。[45]

乏味。乏味厭倦——或覺得你在做的事沒什麼意義——會導致壓力。這一點說出來可能令你訝異，卻是事實：持續做相同的常規或感到乏味厭倦，會變成一個壓力源。家庭主婦和那些每天工作一成不變的人，可能會有這方面的掙扎。有時可能必須花點心思去找出正在做的事情的意義，需要發揮創意，想出一些新的方法，以回應一成不變的環境。

不切實際的期待。不切實際的期待會使你一直感到壓力。我們都對自己和別人有所期待，但，期待豈都能達成？那些期待從哪兒來的？完美主義者就是有太多不可能達到的期待，他們是壓力的最佳候選人。過著完美主義的人生（或說企圖過那種人生，因為未曾有人成功地達到完美主義），和活出卓越人生是不同的。字典上說，完美是「在所有方面都完全而毫無缺點」。卓越的定義則是「特別地好或出類拔萃」。完美是由絕對的標準界定的；卓越則意味著你已經盡了全力，但你還是會犯錯。

完美主義是結束的狀態，而卓越則留有成長的空間。追求卓越留有寬恕的餘地，而完美主義者可能在某件事上達到百分之九十八的成功，卻讓那百分之二抹煞掉所有的成功。她把焦點擺在缺點上，完全不看重已有多大的進步。別忘了，如果你努力想作個完美主義者，那麼你就還是依靠善行，而未學會依靠神的恩典。如果完美主義是你所面對的掙扎，以下這本書或許可幫助你：史都普（David Stoop）的《完美主義者的希望》（暫譯，*Hope for the Perfectionist*）。

角色矛盾。角色矛盾也是個壓力源，如果你的工作非常不適合你，會很有壓力。如果你是家庭主婦，卻寧願作職業婦女，那你會很有壓力。被卡住的感覺會累積你的怒氣。

溝通障礙。如果你已有固定的交往對象，或你已婚，而你們的溝通管道受阻，不再暢通，那麼壓力便會逐漸累積。情感是建立在溝通的基礎上的，當一個配偶或父母拒絕談或是給對方施壓，要對方安靜閉嘴，便會造成傷害。在婚姻關係中，有一方過分安靜，或是過分行使冷戰，那麼親密感根本就發展不起來。這是婚姻觸礁和破裂的一大起因。

職場的壓力。從九〇年代迎來所謂「新女性時代」，職業婦女比以往多很多。據估計，美國有九成的女性曾經上過班，或是將來會去找有薪水的工作。絕大多數女性是因為必須工作而工作，但許多女性也說，即使不需要工作，她們也會去工作，因為她們已經估算過就業的種種好處。今天有更多婦女將工作視為生涯而非僅僅為了糊口，這說明她們對工作做了更大的個人投資。

然而，女性發現工作除了帶來收入，也製造壓力。有時壓力壓過了那些好處。工作的壓力有許多原因：

- 責任很重，職權或控制權卻很小。
- 工作量很大，完成的時間不夠。
- 在工作上追求進步的欲望很強烈，但機會卻有限。
- 發現你比你的老闆能力強，但一直被忽視。
- 做的事多、領的薪水少，或是發現跟你相同職位的男性領的薪水比你高。
- 一大堆事情要做，卻經常被打斷。
- 所做的工作沒有挑戰性、不令人興奮，也不刺激，卻是乏味又多餘的。
- 在工作上受到性騷擾或性別歧視。
- 從事文書工作（以上因素都是家常便飯）。[46]

A型女性

心臟病學家弗里德曼（Meyer Friedman）和羅森曼（Ray Rosenman）用「A型症候群」（Type A Syndrome）來形容成就導向之男性多半經驗到的情況。但現在已有許多文章都在討論，對於從事高壓力工作的女性同樣也是潛在的情況。與此問題相關的一個最危險的因素是，時間的緊迫和慢性的怒氣。非常多的怒氣源自時間不夠卻有太多事得做、不切實際的期待，和內疚。

A型女性或男性經驗到**隨意浮動的敵意**，是一種持久內住的怒氣。這股敵意出現頻率一直增加，到了連最微小的一點挫折都會使敵意浮現的地步。A型女性或許很懂得掩飾這傾向，或是找各種藉口和理由解釋她的易怒。但她變得太過頻繁地動怒，與刺激之事不成比例。她過分地挑表面的事大肆批評，又貶低別人、傷害別人的自尊。

A型人在兩方面顯露**時間急迫感**。第一，她做事的速度加快，她的思考、計畫、執行方式全都加速，講話也變快，而且強迫別人也要講快一點。有她在，大家都很難放鬆。每一件事都必須盡快做好，而且她還在想辦法加速完成。第二，她同時讓許多不同的想法與活動進行。緊繃感就連在休閒時也絲毫不放鬆，因為她連休閒時間也把行程擠爆。她試圖找更多時間同時做兩件或三件事。她過度擴張自己，跨足各種各樣的活動與方案，以致往往有一些她根本沒碰。

時間久了，你的身體會告訴你，是否你的行徑屬於A型人。真正的A型人體內分泌的去甲基腎上腺素比一般人多，那是一種使血管收縮以致血壓上升的激素（荷爾蒙）。

日積月累的壓力

一九七〇年代有兩名醫生（T. H. Holmes與R. H. Rahe）開發出壓力測量方式，一直被廣泛應用，而且後來為女性作了改版更新。這個以兩位醫生命名的「荷姆斯－雷赫」壓力量表是以一連串生活事件為基礎，把每一事件量化為一個分數，是為其潛在壓力或壓力值。在原始的樣本中，研究人員發現，在過去一年的壓力得分超過三百的人，有百分之八十的機會在接下來的兩年之內經歷病痛或憂鬱，因為他們現在所經歷的壓力值很大的緣故。結果顯示，改變生命事件的壓力與身體和情緒壓力之間有相關性。

有一份研究針對全美二十州的兩千三百

前十大壓力源		
新排名	壓力源	舊排名
1	配偶過世（99）	1
2	離婚（91）	2
3	結婚（85）	7
4	親近的家族成員過世（84）	5
5	被解雇（83）	8
6	夫妻分居（78）	3
7	懷孕（78）	12
8	牢獄之災或被拘捕（72）	4
9	好友離世（68）	17
10	退休（68）	10[47]

位女性，調查原始樣本所列的事件對於她們的影響是如何。上頁的「前十大壓力源」表中，左邊是較新的調查排名，右邊則是原始樣本的排名。每一項最後括弧內的數字是該事件的壓力值。

改版的調查也給接受調查者機會自行增加新的壓力源。下表顯示她們所列的前十三項因素，右側數目代表提到該項的人占全部受訪者的百分比。（別忘了，這是由兩千三百位女性組成的樣本。）

新的壓力源	
壓力源	提及此項者占樣本百分比
父母生病	59
丈夫停止工作	58
孩子生病	58
配偶生病	55
對酒或毒品的依賴	31
再婚	29
通勤	27
犯罪案件受害者	26
憂鬱症	23
養育青春期子女	22
丈夫退休	22
不孕症	19
單親教養	18

這些因素和其他新增項目的壓力等級如下，對我們頗具啟發性。

新壓力源的壓力等級	
壓力源	分數
身心障礙兒	97
單親教養	96
再婚	89
憂鬱症	89
墮胎	89
孩子生病	87
不孕症	87
配偶生病	85
犯罪案件受害者	84
丈夫退休	82
奉養父母	81
養育青春期子女	80
對酒或毒品的依賴	80
父母生病	78
單身	77 [48]

壓力模式的改變相當明顯。這些壓力源有哪些正描述你的狀況？對於各壓力源的分數，你同意嗎？現階段你的前五大壓力源是什麼？每個壓力源對你造成的影響是什麼？[49]

如何減輕壓力

怎麼解決？要如何減輕你生活上的壓力？可考慮幾個步驟。你可以試著改變你的環境，無論是工作的條件、家人行程表、出差旅遊，或搬家。不過，有些事很難改變，所以學習一些放鬆的技巧可以幫助你。偶爾在醫生處方下服用緩和壓力的鎮定劑，但是要記得，有些人可能會變得過度依賴鎮定劑。

在你採取過所有可能的矯正做法之後，或許最佳方式仍是，改變你的想法，改變你對發生在你身上的事的看法。人生的壓力一大半以上重點在我們的心態——我們的信念體系。假設你塞在快速道路上，眼看是趕不上二十分鐘後就要開始的會議，這時你會對自己說什麼？許多人會坐在車子裡開始抱怨，說類似這樣的話：「我不能遲到！哪個蠢蛋害大家塞在這裡？真是混帳！我要想辦法換個車道！」他們開始猛按喇叭，怒目看別人。

塞車，遲到，老闆在最後一分鐘才把一堆工作丟出來，趕不上公車了，或是正要出門去教會卻弄斷指甲，我知道這些都造成很大的不便，但是有個關鍵要素可使你擺脫受害者的感覺，變成得勝者，就是控制你的環境——允許你自己進到這種情況；允許你的計畫被打斷，被交代太多的工作，或者其他任何情況。如此掌控權就重新落入你手中，你會覺得還有希望。

這真的有效，我親眼見過在許多人身上行得通，在你身上也行得通。其實就是學習將腓立比書四章十三節實踐出來：「我靠著那加給我力量的，凡事都能做。」也是實踐箴言十五章十五節：「困苦人的日子都是愁苦（因焦慮的思緒和不詳的預感所致）；心中歡暢的，常享豐筵（不論環境如何）。」

以下提供一些建議，可以改變你的反應並降低你的壓力和疲憊。剛開始做這些改變可能會不大舒服，因為你正在拋棄一種舒服卻有潛在破壞力的生活方式。你可能得堅持一段時間才會看到改變，當然也得付出一番努力，但為了減輕你生活中的壓力，一切都會是值得的。

- 每一天都想一想造成你時間急迫性和令你感到壓力很大的原因，並將所造成的一個後果寫下來。
- 減少你思考和講話速度加快的傾向，方法是刻意專注聆聽別人說話，作個「快快地聽」的人（雅各書1:19）。然後問問題，鼓勵別人繼續講。如果你有話要說，就問你自己：「別人真的會想聽嗎？現在是分享這個的最佳時機嗎？」
- 開始每一天都求神幫助你將那些需要先做的事情排出優先順序。然後只做這些你真的有時間去做的事。如果你覺得可以在白天裡完成五件事，那就只做四件事。把它們寫下來，完成的就打勾。

● 如果你開始感到要完成工作很有壓力，就問你自己這些問題：「完成這件工作對於三年或五年後，會有關係嗎？非現在就做不可嗎？若是，為什麼？別人不能做嗎？如果不能，為什麼？

● 嘗試一次只完成一件事。如果你上洗手間，不要同時刷牙。

● 如果你在電話中等待對方，不要同時查看郵件或是翻閱雜誌。相反，在等待對方時，注視一張寧靜安詳的圖畫，或是做點放鬆的運動。當某人在跟你講話的時候，放下你手上的報紙雜誌或手邊的工作，將全副注意力給那人。

● 特別注意不要在休息時有罪惡感。允許你自己放輕鬆、好好享受。告訴你自己，沒關係的，因為真的沒有關係。

● 重新評估你對他人肯定的需要。不要一直尋求他人的肯定，反之，務實地告訴自己：「我做得不錯，我可以為此感覺良好。」

● 開始留意別人的A型行為，問自己：「我真的喜歡那樣的行為嗎？那種對別人的反應方式，我真的喜歡嗎？我想要那樣子嗎？」

● 如果你老是愛問「多少？」，有數字思考的傾向，那就要改變你評估別人或情況的方式。用形容詞而不要用數字來表達你的感受（這對男性而言似乎比較難）。

● 開始看跟你從事的行業無關的雜誌和書籍。到圖書館借閱小說或不同主題的書，以獵奇的心情，但不要去累計你讀了多少本書，也不要把這個當「績效」跟別人誇耀。

● 在家裡或在辦公室播放輕柔的背景音樂，以營造舒緩的氣氛。

● 規畫你的行程表，設法在交通順暢的時間通勤或開車上下班。在高速公路或快速道路上選擇行駛慢速車道。設法降低你想開得比別人快或和以前一樣快的傾向。

● 挑選一些日子刻意將手錶留在家裡，記錄你那天抬起手腕看錶的頻率。

● 將你自己講電話或晚餐時的對話錄音下來，然後放給自己聽。是不是多半都是你在講，你會提問題嗎？會聆聽別人回答嗎？你在講電話時，會不會同時找事情做？是否為了加快對話速度，而常把對方講一半的話接過去講完？你是否為了迎合自己的需要而打斷或改變談話主題？

● 不要用你達成的績效或擁有多少物質的東西，來衡量你的人生。每一天花幾分鐘回顧愉快而享受的經驗。像小孩一樣花時間做做白日夢，編織一些愉快的經驗吧。

● 用午休時間離開你的工作。去逛街、看商店的櫥窗、閱讀，或是找朋友共進午餐，聽朋友分享掛心的事。用餐後找時間記下來，用你的筆記作為禱告簿，之後問那朋友情況如何。不妨每週找不同的人共進午餐，讓他們知道你一直在為他們禱告，你想知道他們最近過得如何？

- 提早十五分鐘開始你的一天，做一件讓你樂在其中的事。如果你經常不吃早餐或是站著吃完早餐，那麼請你坐下來慢慢地吃。環顧屋內或戶外，關注一件令人愉悅但一直被你忽略的事物，好比盛開的花朵或一張很美的圖片。
- 開始找出你的價值觀，那些價值觀是從哪兒來的？是否符合聖經的教導？
- 一回到家就向其他人（即使只有一隻貓）宣布，接下來十分鐘是你專屬的時間。當你下班回家，先解除自己的壓力，再處理家裡的事。或可先在餐廳點個飲料、讀點東西，十分鐘後再返家。或是路經教會，進入安靜的會堂裡禱告個五分鐘，再回家。把這變成你的固定習慣。
- 這聽來可能很瘋狂，但是上超級市場結帳時不妨排在最長的隊伍後面，練習等待而不會生氣。允許你自己排隊排很久，發掘你可以怎樣愉悅地打發漫長的排隊時間，觀察你周圍的人，猜想他們過的生活。跟他們談一些正向的話題，但不要提排隊這件事。回想愉快的回憶。
- 你在運動或比賽時，無論是打壁球、滑冰或打牌，都不要為了爭輸贏，而要樂在其中。

無論是跑步或其他賽事，開始在追求好成績之外，享受運動並尋找一直被你忽略的、伴隨著休閒活動而來的好心情。

- 如果你有憂慮的傾向，請開始遵循本書的建議。
- 估量自己工作所需的時間要寬鬆一點，提前規畫並安排較長的間隔。假設某件工作你通常花半小時完成，就容許自己四十五分鐘完成。你會看到工作品質提高。
- 評估你做的事和為什麼要做。歐果維（Lloyd John Ogilvie）為我們的動機和自己製造的壓力提出精闢的見解：

> 我們說：「上帝，看我忙成這樣！」我們把精疲力竭跟高效率、充實的人生劃上等號。由於沒有明確的目的，以致我們在應付身分意義的危機上花了加倍的力氣。我們表彰自己的績效數據，希望為這一代做出偉大的事。但，我們的努力是為了什麼或為了誰呢？
>
> 許多人漸漸充滿挫折感，而冀求把時間留給自己，但此冀望是否真實地反映在我們所做的決定上？你是否仍然答應許多事情？一個基督徒有自由防止因過分參與事務而遠離生命。[50]

歐果維博士的一篇證道中提出兩個很有意思的問題，有關我們在做什麼，以及怎樣去做：「在你生活中做了什麼是沒有神的能力你就做不到的事？」以及「你現在活著是靠著自己的能力，或是靠著基督的豐盛？」這兩個問題都需要誠實作答。

解決壓力的終極之道

真正解決壓力只有一個辦法，就是將神的話語應用到你生命中。我常建議我的受輔者每一天把以下經文朗讀個幾遍，你也不妨試試看。

惟有神能照我所傳的福音和所講的耶穌基督，並照永古隱藏不言的奧祕，堅固你們的心。（羅馬書16:25）

〔以斯拉〕又對他們說：「你們去吃肥美的，喝甘甜的，有不能預備的就分給他，因為今日是我們主的聖日。你們不要憂愁，因靠耶和華而得的喜樂是你們的力量。」（尼希米記8:10）

你一生一世必得安穩，有豐盛的救恩，並智慧和知識；你以敬畏耶和華為至寶。（以賽亞

書33:6）

堅心倚賴你的，你必保守他十分平安，因為他倚靠你。（以賽亞書26:3）

應當一無掛慮，只要凡事藉著禱告、祈求，和感謝，將你們所要的告訴神。（腓立比書4:6）

不要為作惡的心懷不平，也不要向那行不義的生出嫉妒。（詩篇37:1）

10

男性的壓力

壓力之於男性的影響似乎比女性更致命。死於心臟合併疾病的男性是女性的兩倍。因肺炎與流感而奪命的男性約是女性的三倍。死於意外和藥物不良反應的男性比女性多三倍。男性與女性自殺的比例是三比一。因癌症死亡的男性比女性多百分之三十（罹癌可能與壓力有關）。

男性似乎在其他方面也容易受壓力影響，胎死腹中、生產時死亡，或出生後早夭，都是男嬰多於女嬰。男性的平均壽命比女性短。從出生到老年，男性似乎比女性更容易英年早逝。還有，男性比女性呈現更多與壓力相關的問題，比方高血壓、動脈硬化、心臟病或心衰竭。

人生處處是潛在的壓力，我們都得面對，隨著近十年來關於壓力的資訊增加，無人不識壓力為何物。但並非所有壓力來源都能消除，因此必須改變的，是我們對壓力來源的**反應**。男性雖知壓力影響到他們的身體和行為，但他們需要確信損害現在就產生了！

我和許多男士談過，他們說他們知道壓力終將對他們產生負面的影響，但他們強調是「以後」的事。這暗示他們心中是否認的。許多男性必須察覺到一些症狀出現，才會承認問題存在。好比有一位四十歲的男性說：「你看，我心臟沒有任何毛病，我沒有潰瘍，也沒有高血壓。我真的沒事，等我的身體真的跟我抗議的時候，我會注意聽的。」此一取向的問題在於，身體發生變化是緩慢無聲的。男性的身體或許已經發出無聲的抗議，但他的耳朵聽不見。今天的壓力是造成明日個人困境的起因。可惜的是，對於一些人而言，今天的壓力是在今天就造成影響，不是明天！

一個男人的壓力會影響到誰？每一個人——他的家人和朋友，主要是他自己，尤其是他的心臟！有害壓力的頭號攻擊目標就是心臟。

今天絕大多數人都活在充滿競爭與要求的環境，許多男性在這樣的環境下長大，從小就得努力贏過別人。許多男性一直活在催趕——甚至急迫的狀態，為了達到目標，他們不知不覺地依賴腎上腺素的過度分泌。此策略有效，但代價遠高過他們想像。他們的心血管系統受磨損日益加劇，而絕大多數人渾然不覺，直到出現明顯的症狀才察覺。想必你見過一種人，他有挫折容忍力、有很高的成就動機、永遠都在趕時間。你可以給這種人貼上一個標籤：心臟病候選人。此人是心臟病的高危險群。

四大壓力區

男性有四大壓力區，你知道嗎？蘭萊爾（Georgia Witkin-Lanoil）花了十年時間研究壓力下的男性，為我們指出四大焦點領域。

擔心身體。從某些男性身上你看不出來，但對絕大多數男性而言，身體形象極其重要。男孩子很在乎自己的身高、體重和體育技能。長大成人後，性能力變得很重要。到了中年，持久力是他們最關心的。中年以後，健康成了最重要的一件事。男性固然強壯，但活得久的是男性還是女性呢？對於平均壽命的差異，男人都是心知肚明的。

擔心事業。聽聽看一個小男孩被問什麼問題呢？「長大以後你想做什麼工作？」隨著年紀增長，他一次又一次被問到這個問題。請注意，所問的是「什麼工作」，不是問他想做什麼樣的人，也不是如何去做，而是做什麼工作！一名男性可能從小就滿腦子是他的職業了，他的身分和自我價值全部和職業綁在一起。他從小所接收的訊息是：供應、生產、好好幹、賺大錢、做選擇，尤其最重要的是要掌握人生。但人生不一定照我們所期待的走，更非我們所能預期。當一個男人的事業與工作變得不可預期，他的成就感就被扼殺，期待全都不切實際，沒有一件事在掌握之中。結果怎樣？壓力好大。

擔心家人。一個男人當了二十年的兒子，要轉到丈夫的角色，之後更有父親的角色，是需要適應的。而絕大多數男性跳入這三種角色之前卻沒什麼心理準備，絕大多數男性花在準備拿到離婚證書的時間，遠多過準備結婚或成為人父。二十來歲的男性接下許多角色和隨之而來的許多要求，每一個角色都貼著「無法預測」的標籤。經歷過離婚而後再婚的男性，壓力更是倍增。

個人的考量。絕大多數男性都不了解男人心事有多普遍，為什麼？因為願意把心事和內心感受說出來的男性太少了。男性有兩個增加和提高壓力指數強度的傾向——不願與人分享內心深處的感受，以及缺乏男性好友。他們踽踽獨行，向世人展現「我是男子漢」，擺出一副立下堅強的榜樣更重要、解決心中掛慮是其次的樣子。但其實，有知心朋友勝過依賴自信心。沒知心好友可傾吐，是壓力和其影響加劇的一個重要因素。

男性和女性固然有許多類似的壓力，但也各自經驗不同的壓力。很可惜，兩性都不大瞭解對方特有的壓力，男人往往認為女人「愛抱怨」，而許多女人認為相較於經前症候群、懷孕、生產和停經（更年期），男人那一點苦惱算什麼。女性確實在身體構造上有製造壓力又易受壓力的生殖系統。但是，男性壓力症狀的致命風險更高。基本問題並不是誰的壓力更大，而是我如何了解對方的壓力而協助調適。

男性和女性如何調適壓力

讓我們來思考男性與女性的適應機制有何差異。

時間不斷流逝，它充滿不確定性又難以預測，這對於男性或女性來說都是壓力。男性感到他們的成就時鐘走得太慢，他們希望到某個年紀就達到某種薪資水準、地位和認可。男性的整十歲生日都是重要的成功量表，五十歲以前要做到什麼成績？相較於女性，男性過四十歲和五十歲生日時會特別慶祝一番。在某些方面，他們樂於吸引注意力到這些日子上。

男性和女性都有**成就的欲望**，但過程中遭遇的壓力各不相同。男性從小被教導要較為公開地與人競爭，不管做什麼都要「贏、贏、贏」。無論是小組、團隊或個人活動，能贏都是最好的。男人的確相信努力必有回報，但此心態也造成男人好競爭。男人帶著父親的記憶，為了升遷，就和工作上的其他人競爭——甚至跟自己競爭！

男性的壓力來源是什麼？低工作滿足感必致羞愧和內疚油然而生。而他們越不喜歡他們的工作，在跟別人提起自己是做什麼時，就越感到壓力大。對他們而言，工作成了一個陷阱。今天的一大壓力源是「企業瘦身」。我們邊工作邊害怕公司被併購或縮編。許多男性在五十歲出頭失業，才發現他們在職場上已「滯銷」。

男人似乎隨年紀增長，壓力症狀也變得明顯。請看下方針對男性所做的調查結果：

心臟病！這三個字聽在絕大多數男人耳中猶如恐懼的音符，為什麼？因為實在太常見了，尤其男性比女性更容易死於心臟病。男人容易罹患心臟病，不僅由於生理，也由於他的心理；高成就取向、競爭性強的男性，在事業上很成功，也很容易得心臟病。

別忘了，男性和女性都有A型人，除了之前討論過的隨意浮動的敵意和時間急迫感之外，A型人也以高壓方式影響別人

症狀	年齡			
	18–29	30–39	40–49	50＋
高血壓				✓
肌肉痠痛			✓	✓
腸胃炎/潰瘍			✓	✓
胃灼熱		✓	✓	✓
頭痛	✓	✓	✓	✓

的生活，他的壓力助長別人的壓力。A型行為是一種持續的奮鬥，成功還要更成功，或是在越來越少的時間內參與越來越多活動。A型人衝第一，往往第一個感受到別人的敵意，無論是真實的或是他想像的。他被內心隱藏的不安全感所掌控，他對自己的地位和自尊都沒有安全感，或者被超級的進取心所掌控，或者二者皆有。他很容易就擺出一副盛氣凌人、主導一切的架勢。

A型男性好競爭。保持平衡的競爭姿態並沒有錯，但A型人卻失去平衡，他有強烈的競爭感，動機來自於勝利的快感，他痛恨失敗。他在工作上競爭、在遊戲中競爭，在家中競爭，當然也跟自己競爭。在這樣的人身邊很難放輕鬆。

這類人的共同特點就是沒耐心。任何一點延遲或打斷，都會惹惱他。但他打斷別人卻可以，因為他打斷是為了提出更好、更快的做事方式。別人話沒講完，他就插進來作結論，即使明知不必那樣，他還是為了讓電梯加速而多按好幾下按鈕。他已經練就好幾種方式瞥一下手錶或時鐘以提醒時間。

把自己的行程排到爆掉，對他是家常便飯，他也會企圖把別人的行程塞爆。他有多階段的行為與思考，意思是他企圖同時做好幾件事。你可以看到他邊喝咖啡、邊看雜誌、邊講電話，又招手要某人進來他的辦公室。他對他的思考能力、能量來源，甚至消化能力都有極高的要求，他覺得若要領先，只有用這種方式。幹嘛浪費時間？其他特點包括：對挫折的低容忍，和高度的侵略性。他一放鬆就會有罪惡感，他時常受自我形象低落之苦，因此導致先前討論到的隨意浮動的敵意。選擇這種生活方式的最大的懲罰是什麼？A型男性得心臟病的可能性是B型的五倍。A型人要為他自己和別人的生活與事業一夕全毀負責。據信有三種動脈疾病是A型行為引起或刺激的：偏頭痛、高血壓和冠狀動脈心臟病。

世上有多少A型的人呢？端視你所讀的研究報告和都市人口或鄉村人口而定，估計全美人口有五成到七成可在某種程度上歸為A型。

在快速車道上的人生能慢下來嗎？可以的！我見過有人改變了，有男性也有女性。或許你身邊有這樣一位男性正屬於這類型，你可以怎樣幫助他？先看書吧！建議你可先從這幾本書著手：哈特（Archibald Hart）所著的《腎上腺素與壓力》（暫譯，*Adrenaline and Stress*, Word 出版），以及弗萊德曼（Meyer Friedman）和鄔瑪（Diane Ulmer）合著的《治療A型行為和你的心臟》（暫譯，*Treating Type A Behavior and Your Heart*, Knopf 出版）。

如何辨識壓力

在所有的壓力指標中，最有用的還是行為徵兆，因為行為可以辨認而且通常會重複出現。以下是一項訪問數百名女性關於男性壓力的調查結果，女性觀察到當男性有壓力時，初期會出現這些行為徵兆：

1. 男人會變得言語粗暴，會對妻子或孩子特別挑剔。根據報告此項排名第一。
2. 退縮封閉和明顯變得沉默寡言，或心事重重的樣子，根據報告在最常出現的壓力指標中此項排名第二。
3. 男人在壓力大時常會暴飲暴食，導致體重增加。
4. 在壓力期間他們也會喝比較多的酒。
5. 不尋常的疲憊也是有些男性壓力大的跡象。
6. 有些男人會藉由沉迷工作或活動來減輕壓力，他們會變得坐立不安。
7. 有抽菸習慣的人，會抽得更兇，因為吸菸被當作是一種對抗壓力的手段。在壓力之下要戒菸尤其困難。

8. 有些男性面對各種形式的壓力時，身體會呈現一些徵兆如：磨牙、手指敲擊桌面、晃腿，或顯出輕微的強迫行為。

9. 面對各種形式的壓力時會過度傾向於沉睡不醒。

10. 選擇性的失聰是很常見的徵兆。男人對你閉耳不聽，即使你認為他明明聽見了。

11. 莽撞駕駛和冒險一試的傾向，都反映那人壓力很大。此駕駛模式也會給其他家庭成員製造壓力。

12. 沉迷於電視使自己分心，男人只是把電視當分心物，有時電視開著，但他其實沒在看。

13. 留意臉部表情，如肌肉抽搐、不停眨眼、過分用力吞嚥，等等。

還有其他可能發生的特徵如：花錢花得比以前兇，強迫性的性行為，或（更為常見的）對性事失去興趣。

從以上條列你有沒有注意到一件事？有沒有看到有多少項其實是在分散壓力，有多少項反導致額外的壓力？這些行為都不應該被忽略，因它們都會影響到身體、工作和家庭。

初期警訊

壓力的心理指標有好幾項，其中有些可能是男人出於其他理由而出現的特徵，但這些徵兆往往都很準確，需要好好留意。有位作者用六個以D開頭的英文字描述這些警訊，任何一個都可以顯示壓力的開端，若出現一個以上的警訊，說明壓力程度在中度到高度之間，我見過一些男性六個警訊都有！

防禦性（Defensiveness），這是否認問題的一種方式。以此試圖騙過其他人，或者他真的相信他自己的合理化。這往往反映出一個男人抱著不切實際的期待，認為男人就應該像個男人：「要剛強，絕不可承認問題。」

憂鬱症（Depression），反映心中的失落和怒氣。這是令許多男性困擾的一種失控。

缺乏組織（Disorganization），影響到專注力，因此一個男人可能會健忘，重複自己說過的話，或是做的決定很不好。（這是我自己遇到壓力的主要徵兆，我會忘記事情，變得有點缺乏組織，儘管我有兩份行事曆也寫了待辦清單！）

違抗（Defiance），企圖拿回控制權的一種形式。它給男人反擊的機會，儘管往往並無真正的理由讓他用這種方式作回應。

依賴（Dependency），反映倒退現象，壓力下的男性會發生這種現象。被人照顧的感覺很好，但絕大多數男性可不願向別人承認。

決策困難（Decision-making difficulties），十分常見。就連很小的決定，在壓力大的時候都很難。感覺缺乏控制或選擇會使一個男人遲疑不決。

別忘了，不同的男性對於壓力的承受量和反應各有不同。他們的容忍度也有差異，每一個男人所經驗的壓力強度都不一樣。有些男性壓力症狀是他從角色模範和自己的成長經驗習得的。

至於減壓技巧，有好幾本書建議不少方法（例如：韓提姆（Tim Hansel）所著的《壓力與解壓》（暫譯，*Stress/Unstress: Treating Type A Behavior* 以及《休息時，我問心有愧》*Your Heart When I Relax I Fell Guilty*），包括：運動、沉思、放鬆的技巧、評估人生目標，以及時間管理。對於人生加諸的各種壓力，一個男人需要投入培養健康的反應，也要去發現自己是如何製造內在壓力。

良性壓力／不良壓力

區別壓力好壞有四個因素，一個是你的**選擇感**。如果你選擇的某件事帶有壓力感，與其說你會感到壓力，不如說一種刺激的經驗。有些男性有腎上腺素成癮症，一遇挑戰就被激起來，他們選擇那種壓力。很可惜，有些人選擇了太多壓力，因刺激過度而導致壓力過重，但他們卻絲毫不察。

但是當我們背負壓力而不加以控制，漸漸就會感受到壓力了。

第二，能不能**控制**是個主要因素。真實的認知壓力增加，同時覺得可控制的範圍縮小了。人生總會有大大小小的事情是我們絕對無法控制的，其中有些像外星人入侵似的俯衝而下。對掌控的需求特別大的男性，發覺無法掌控時就會特別感到壓力大。從許多例子來看，一個男人需要的掌控，跟隱藏在掌控的虛飾背後的不安全感，呈直接的關聯性。

我不確定我們完全知道生活壓力的所有來源。不同男人面對壓力有不同的反應，有些男人學會接受人生的不可預測性，因此比較能夠應付人生的意外驚喜。有些男人因生命本身而心煩意亂。有些男人因簡單的常規改變、走進沒去過的社交場合、害怕失敗，甚至因為子女，就覺得壓力很大。

最大的壓力來源之一是，當一個男人覺得情況超過他所能控制時。而那可能是一個非常簡單的情況！

- 當男人被迫離開駕駛座，改坐乘客座位時，就會感到有壓力。
- 當男人進餐廳或是看電影時必須排隊等候座位，就感到壓力，因此他們經常選擇乾脆不吃，或是不看電影，以拿回他們的選擇感。
- 男人會因為碰到前方修路而發怒，也會因為使他們分心而耽誤時間的「愚蠢」駕駛而惱怒。
- 男人害怕喪禮和精神療法，有時會把二者劃上等號，認為會勾起他們想到生命充滿許多不確定性的感傷。
- 男人拖延預約牙科和其他必要的診治，因為不想把自己交在他人手中。
- 男人一想到可能中斷他們掌控日常生活能力的疾病或傷害就非常害怕。
- 男人寧願要求別人來要求他們，寧願有提出要求的自由選擇，有時他們會拒絕一些建議，但其實他們可能還滿喜歡做那些事，只是為了表現這種選擇自由。

與壓力相關的第三個因素是，**能不能預期後果**。當要求與結果都是不可預測的時候，有些男人就很難對人生可預期的事做出必要的調適，這一類人會感覺生活乏味而停滯不前。其他人則時常活在預期會有意外的邊緣上，他們的身體會緊繃起來。

第四個因素有助於帶來穩定感並減少壓力，即使缺少前面三項因素，那就是**個人的態度**——從聖經角度看人生的艱難而內心安定穩妥。

每個人都有能力與自由選擇他對人生的困難和問題作出什麼反應。我們可以說：「這不是我想要的、不是我所預期的，但既然來了，我就面對。這將是一段艱難時期，但我可以如何善加利用、從中學到功課呢？我要怎樣經過這事而成長？神將如何藉由此事而得榮耀？」

11

克服崩耗

今天我們常聽人說一種現象叫「崩耗」（burnout），壓力和崩耗有什麼相互關聯性？每一年都有越來越多文獻試圖解釋崩耗的起因與特徵，看來在過去二十年間已發展出一套新詞彙用以解釋人類所發生的情形——壓力、中年危機和崩耗等。

關於崩耗，一個籠統又簡單的定義是：「為了達成自己或社會價值觀所加諸的某個不切實際的期待，努力奮鬥過度以致身心俱疲。」

另有一個定義是：「由於致力於某一理想、某種生活方式或某段感情，卻未能產生預期的報償，造成一個人落入疲憊或挫折的狀態」，叫崩耗。還有一個說法是：「一旦預期的程度和現實呈現強烈的反差，而那人仍堅持企圖達到那預期，麻煩就來了。」

也有人如此界定崩耗：「一種常發生在從事『服務人群』工作的人身上的情緒耗竭綜合症，人格解體，個人成就感降低。」

崩耗是對於慢性情緒緊張的一種反應，由於密集地應付各種人所致。假如那些人找麻煩，尤其使崩耗加速、而且更嚴重，製造壓力自然是不在話下！

如果你想要一個簡單的解釋，說明人對於崩耗的反應，只要分析字義，英文burnout的前半burn，給人熱、火、火焰或生氣的概念。有些人對他們的工作、家人、朋友或雇主發火，這股怒氣一開始在底下悶燒，表面看似平靜，但隨時會因最輕微的挑撥而沸騰、溢出。

英文字後半的out，表示一件都不留。彷彿這人完全退出人生了，他放棄了，聲稱做什麼都沒有用，一團糟而且希望都斷絕了。他用毫無作為造成別人的傷害。他的精力、誠信、關懷、愛心和欲望全都沒了。崩耗就是在空轉。

崩耗的五個領域

崩耗是牽涉到我們人生五大領域的複雜過程：身體、理性、感性、社交與靈性。

身體方面是指，做一個人需要做和想做之事的可用能量。崩耗的第一個症狀是全面性地感覺疲憊。崩耗的人通常並不投入運動、營養或減壓計畫。

理性方面是指，一個人思考與解決問題的銳利度。崩耗的時候，這個能力降低了。創意減少了，對於新作法的冷嘲熱諷反而增加了，沒有嗜好或知性的方式可紓解放鬆。

感性方面是看，一個人的情緒基本上是正向或負向的？對於目前的情況他是以樂觀或悲觀看待？在工作以外，有沒有其他情緒的出口？他曉不曉得自己的情緒已經出了狀況？假如他一向過度投入工作，而工作情形開始惡化，那麼他整個人生也會開始走下坡，憂鬱潛入，因為他失去了原本跟他的工作相連的夢想和期待。在工作以外有其他興趣而過著平衡生活的人，就有一個對抗崩耗的緩衝餘地。

社交方面是指，相較於參與感，如今覺得孤立。這人擁有什麼樣的支持體系？他能自由地把挫折感、生氣、疲憊或理想破滅說出來嗎？有沒有人願意聽他傾吐？很可惜，當一個人經歷崩耗時，他往往並不想給別人增加負擔，反而更孤立自己。

靈性方面是指，一個人對生命的意義感有多深。如果他對於工作的期待破滅了，就會覺得生命有個空缺。他對人生的夢想，以及對於上帝應該為他做什麼的期待，如今成了失望的一個來源。

有些崩耗可能單純是身體上的。一個人可能工作得太累了——工時長而整個系統又很沒效率。通常休個短假或只休一天，他就能恢復。任何一種能引起新的興趣的改變、甚至工作常規來點變化，都會有幫助。

心理上的崩耗

崩耗最主要的症狀也是最嚴重的，會發生在非基督徒身上，也會發生在基督徒身上，就是心理功能長期的惡化，包含理性、感性、社交和靈性各方面。快樂、同理心、敏感度、同情心全部下降。心理崩耗是逐漸發生的，一碰到危機就整個凸顯出來。人生所有領域的關係全都受影響，娛樂成了機械式的，跟朋友疏離而疏遠。他克制情緒不外露，對家庭成員漠不關心。

心理崩耗是經過很長時間才發展出來的，也需要很長時間才能恢復過來。休假、放長假，或是參加一整天的壓力與崩耗研討會，都不夠用，他需要的是時間加上重新定位人生。藉由神的話語、禱告和親密的基督徒團契所帶來的靈命更新，會是醫治的一部分。另一部分的復原來自於檢查工作環境裡造成惡化的因素。

不過，真正的問題不在於環境多糟糕，而在我們對環境的**反應**。神的話語很清楚地告訴我們，要一無掛慮並不在於環境平靜安詳。平安的經歷是一種後天習得的反應，來自於在困難中把神的話語應用出來。

崩耗相對於壓力

接著讓我們思考崩耗與壓力的明顯差異。哈特博士（Dr. Archibald Hart）提出以下差異：

- 崩耗是一種防禦，特點是抽離。
- 壓力的特點是過分投入。
- 崩耗時情緒變得遲鈍。
- 壓力大時情緒變得過度反應。
- 崩耗時情緒的傷害是最主要的。
- 壓力大時身體的傷害是最明顯的。
- 崩耗而來的疲憊影響動機和動力。
- 壓力而來的疲憊影響身體的活力。
- 崩耗產生意志消沉。
- 壓力產生崩潰瓦解。
- 可將崩耗視為失去理想與希望。

- 可將壓力視為失去燃料和能量。
- 崩耗的憂鬱症是因失去理想和希望所引發的悲傷所致。
- 壓力的憂鬱症是因身體需要保護自己和保存能量所致。
- 崩耗產生一種無助感和絕望感。

崩耗的起因

什麼原因導致崩耗？是生命的風吹來的病菌所引起的疾病嗎？發病的根源在哪裡？起因有很多，但有兩個最主要的原因：**期待**和**分配**。關於人生、人，或一份職業不切實際的期待，會導致崩耗。有些人把焦點集中在他們希望達到的目標，完全不看達到目標過程中涉及的奮鬥掙扎。

許多人懷抱著改變世界的夢想，但對於所投入行業的辛酸和掙扎懵然未覺，所以夢想一碰到現實就粉碎了。當他們明白他們不能改變體制，這時理想主義就變成憤世嫉俗了。

不切實際的期待有另一面向是，相信「那不會發生在我身上」。別人會垮掉，但我不會。別人會失敗，但我不會。別人會崩耗，但我不會。

導致崩耗的第二個主要原因是**分配**，你付出、付出、再付出，但從未收回而補充，很快你就空了。

克服崩耗

你要怎麼克服崩耗？

1. 評估你的目標：你有哪些目標，訂那些目標有什麼目的？
2. 評估你的期待。把期待列出來，看看哪些切合實際，哪些不切實際。
3. 能辨認壓力大的時候。
4. 願意冒風險成為別人的好友，讓別人協助你分擔責任。
5. 起碼學會一個放鬆技巧，固定練習。有助於平息你身體的能量系統中的關鍵分子。
6. 固定運動讓生活保持平衡。良好的身體條件可增強免疫系統並增加安多酚的分泌，這種腦內啡是大腦的天然鎮定劑。
7. 要有適當的休息。容許足夠的睡眠時間。跟上一代所教導的相反，我們絕大多數人其實需要更多的睡眠。腎上腺激發雖暫時減少我們對睡眠的需要，但那是個陷阱，因為罰款終究還是得繳的。

8. 學習保持彈性。只有基督的福音是不能改變的，你的想法和優先順序都可能需要改變。保持彈性可降低受挫的可能性。

9. 慢下來。別忘了，上帝可從來不匆忙催趕的。「匆忙」是人類特有的，由於計畫不足和時間管理不當所致。催趕會加速身心的磨損，使破壞性的腎上腺素分泌增加。

時間

一天早晨我在山澗旁浪費了一個小時；
我從頭上的天空抓住了一朵雲，又給自己編織了一個夢。
在黃昏的靜謐中，遠離人聲雜沓，
我浪費了一個夏日的傍晚，再次給自己編織一個夢。
那時紫丁香和黃菊為道路兩旁鋪上淡紫和金黃的地毯，
浪費了，或許吧。那是從未與神同行過的人說的。

但我卻在那傍晚短短一小時中，找回我工作的力量。
我找到了喜樂和知足；我找到了平安與能力。
我編織的夢想為我留下一份寶藏，一份強盛又真實的希望：
從浪費的時光中，我鞏固了我的人生，重新找回我的信心。

——無名氏

10. 學習以建設性的方式處理你的怒氣。我們所信的福音是饒恕的福音；把饒恕大量地分給所有傷害你的人吧。要記得，生氣是一個訊號，通知你環境出了問題，或證明你已進入「戰鬥或逃跑」模式。找出你怒氣的來源，自信地面對它。

11. 留意「小麻煩」，因為打倒你的可能不是大麻煩，反而是這些小麻煩。最致命的反倒是每一天激怒你的小事。要把它們維持在最低量。

12. 培養你對別人的同理心和關懷，同時要讓你的同情心在控制之中。

13. 把工作和時間運用集中在完全不可少的部分。減少冗餘、不必要的活動，避免接受會把你逼到太緊的要求，學習如何婉拒，不致冒犯別人，也不讓自己有罪疚感。

14. 保持與現實的接觸。不要讓你的野心擴大到你的能力限度之外。向可信任的朋友尋求有關你的才幹的誠實反饋，然後祈求智慧，照你的才幹訂出你的目標。為了滿足一個未聖潔化的野心而不切實際地制定過高的目標，只會導致崩耗。

15. 避免落入無助狀況的方法是，掌握情況並採取調適策略，再小的調適也要去做。無助多半是一種錯謬的信念，你誤以為陷進去就出不來。你要運用信心，相信你有可能走出困境，你可以突破這個無助的循環。

16. 如果你生命某個領域有很大的矛盾無法解決，就把它擺著吧。必要時繼續向前走。把我們困在嚴重的矛盾情況裡的，往往是因為我們想作超人。我們相信我們應該能夠掌握每一個環境，而這會導致一種具破壞力的執著。就連耶穌也會有能做事卻受到阻撓的時候（馬太福音13:58），於是祂不得不繼續向前。你為何不能？

最後，有需要時，不要害怕尋求專業的協助。[51]

第四篇 給憂鬱的解答

憂鬱不像悲傷，悲傷是因為失望或喪失而來的低落感，沒多久，那股低氣壓就會解除，你仍能行使正常功能。憂鬱就不同了：它持續更久而且更強烈。憂鬱把希望之窗關閉，有時甚至拉下黑色簾幕。

12

憂鬱：誰都不想要的同伴

「我有嘗試做我需要做的事情，但我其實不想動。就算外面是晴天，但每一個白天對我都是陰天，每一個晚上都好像不會夜盡天明。冷漠像塊布把我裹得像木乃伊。我吃是因為必須吃，但我根本沒有胃口，吃什麼東西都沒味道。我覺得像有巨大的重量壓在我肩膀上，疲倦常伴我左右。我禱告、去購物，只求卸除這股憂鬱，但它一直在那裡。我對誰都避不見面——不見家人、朋友，甚至不見上帝。誰會想要待在我身邊？我知道連我都不願意。」

這是飽受憂鬱煎熬之人的心聲。對某些人，憂鬱是偶爾大大發作一陣，但對另一些人卻是低度憂鬱綿延不絕。憂鬱所傳遞的信息是：「你已經一敗塗地；什麼也不能做了。沒有出路。絕望了。」

憂鬱像什麼樣子？

可能你已經知道陷入憂鬱是什麼光景。

那是一種陰鬱籠罩下來的感覺——絕望，灰心，悲傷，冷漠。往憂鬱靠近一步，就是朝了無生趣靠近一步，整個人被絕望感宰制。但憂鬱又不像是悲傷，悲傷是因為失望或喪失而來的「低落」感。沒多久，那股低氣壓就會解除，縱使它長伴你左右，你仍能行使正常功能。憂鬱就不同了：它持續更久而且更強烈。它會維持令你陷入癱瘓的強度盤旋不去，導致你失去辨別力，又使你執行日常活動的能力變弱。憂鬱把希望之窗關閉，有時甚至拉下黑色簾幕。

如果你照憂鬱的英文depression的字面意義思考，意思就是從一個較高的位置走下來到較低的位置。一個憂鬱的人在被問到他感覺怎樣時，多半會說：「相當低落。」

伴隨憂鬱而來的喪失辨別力，會使你眼中的人生、工作和家人如蒙一層灰。如同有人說：

不快樂和憂鬱真的不一樣。我跟太太偶爾吵架以後，我會很不快樂。我不喜歡吵架，但那是生活的一部分，過不久我們就會和好。可能會有點掛心，但我晚上還是睡得著，白天精神還很不錯。但是陷入憂鬱就完全是另一回事。它令我感到疼痛，像是身體哪裡不對勁。我晚上沒辦法睡覺，就算躺在床上也是輾轉難眠。儘管有時候我的精神還可以，但幾乎每一天都籠罩在低落的情緒裡，使我看每一件事都蒙上陰影。如果妻子跟我吵架，我就會覺得我們的婚姻完蛋了。如果在工作上碰到問題，正常的話我會立即做適當的處理，但現在我覺得自己是個差勁的老師。我跟自信的問題搏鬥，而不是去處理眼前的情況。

當你落入憂鬱時，你會經驗到身體活動——飲食、睡眠與性事——的改變。假使出現對性事興趣減低的情況，有可能起因是憂鬱。有些人對食物失去興趣，還有些人吃下東西後又逼自己嘔吐出來。有些人一直睡覺，有些人則根本不能睡。無論具體的影響是什麼，都干擾到你正常生活的能力。假使你只能維持七成的生活能力，那會怎樣？只會製造更多憂鬱。

你的自我形象會下墜，你對自己越來越沒有信心，你懷疑自己還是不是一個人。你不跟他人來往，因為你害怕被拒絕。很可惜，當你落入憂鬱時，你的行為確實會導致某些人拒絕你。你取消平常最喜愛的活動，你不想回電話，你想辦法躲避跟別人談話，甚至避不見面。你不但想避開人群，也很想逃離問題，甚至從生命解脫更好。你思考離家或逃離一切，出現自殺的念頭和願望——這些之所以出現都是因為你感到人生沒有希望、沒有價值。

「我回想這些事，心中無限憂傷。」（詩篇42:4，當代修）你變得非常內向，負面思想重複出現，占據你心。你眼中只看到自己做過的錯事，真實的和你所認知的錯誤。

陷入憂鬱時，你對別人的所說、所做，都過度敏感。你會從負面去錯誤解讀別人的行為和言語，而那些誤解會使你易怒，又使你動不動就掉淚。你誇大自己的狀況。先知耶利米說：「我有禍了！因我的創傷難癒。但我說：『這是疾病，我必須忍受。』」（耶利米書10:19，當代修）

你在處理大部分的感覺上都有困難，尤其是生氣。怒氣往往是朝外、對別人而發，但也會朝你自己：你覺得沒有價值，不知道如何應付這情況。

陷入憂鬱時通常會出現罪疚感。或許真的有憑有據，或許是想像的。遺憾的是，罪疚感浮現是因為你以為你做錯了，或以為你的憂鬱帶給別人痛苦。

而憂鬱多半會演變成依賴他人的狀態，這又使你的無助感更深了；然後你又為你的無助感而生氣。

扭曲現實

憂鬱會使我們的人生觀扭曲。我們每個人都從自己累積的經驗去看人生，我們的記憶一直跟著我們，影響著我們怎麼看待人生，又給我們一種期待感。有些看法會自動產生，而我們相信我們所見的就是真實的世界。

心理治療師伯格（Richard F. Berg）將我們看事情的能力形容為照相機。攝影師可以運用不同的鏡頭或濾鏡，改變實體的影像。因此照相機所提供的看世界角度不一定是準確的。一顆望遠鏡頭所提供的角度較狹窄，使我們更有選擇地看人生；它可以聚焦在一朵美麗的花，但同時也擋掉花園的其他部分。一個快樂並面帶微笑的人，如果透過魚眼鏡頭來觀看的話，會顯得扭曲而不真實。濾鏡可使真實變得朦朧，把影像切成碎片，使明亮的景物變暗，甚至可製造一片薄霧。

如同攝影師的鏡頭和濾鏡一樣，憂鬱也扭曲我們的世界觀。憂鬱就像一組聚焦人生黑暗面的濾鏡，使畫面中的溫馨、動作和喜樂都不見了。一位攝影師深知轉換鏡頭所創造的扭曲，然而憂鬱者卻不能敏銳察覺他用不同的鏡頭使景物扭曲了。當我們陷入憂鬱，就不自覺地變成半盲。陷入憂鬱越深，扭曲就越嚴重。[52]

把什麼給扭曲了？把人生給扭曲了，我們人生的興奮和目的全失。把神的形像給扭曲了，我們眼中的祂高高在上、漠不關心，而且與我們之間有巨大的鴻溝或高牆相隔。對自己的看法也扭曲了，我們的價值和能力全都不見。

講到這裡，我們描述了憂鬱的一些感受和後果。但它究竟是什麼？這麼多年來，我們學到了什麼可幫助我們更明確地界定它、了解它的起因？

憂鬱的起因

簡單來講，憂鬱是一種由於自我挫敗的看法與評價所導致的負面情緒。然而，它也可能是嚴重甚至惡性的疾病徵兆。憂鬱一詞可形容「乏味的事」或「沮喪」，也可形容神經性的或精神性的失調症。憂鬱可以是溫和、中度或嚴重的，可以是無害的或威脅性命的。

對某些從事創意工作的人來說，憂鬱可以啟發靈感，但對另一些人卻可能導致以自殺終結。憂鬱可以是一種失調症，或只是失調症的一個症狀。例如，壓力的任何一個症狀都可以是憂鬱的指標，而憂鬱的任何一個症狀都可以是壓力或某個小毛病的指標。

在不滿一歲的嬰兒身上可發現憂鬱，在百歲人瑞身上也可找到。某些人的憂鬱顯而易見，任誰都看得出來；但在另一些人，就可能掩飾得很好，只有專家才能辨認。

憂鬱可以是由身體、精神、情緒或靈性上的問題所導致，或是綜合以上問題導致。我們的自我挫敗思考會導致憂鬱，我們與神隔絕時也會導致憂鬱。但也有可能是大腦必要的神經傳遞原短缺或機能失常的結果。

憂鬱的標準起因包括：疲憊、飲食不足或不當、休息不夠、對藥物的反應，或是腺體分泌不平衡、PMS（經前症候群）、低血糖、食物過敏、低落的自我形象、負面思考模式，以及價值觀衝突的行為，或產後的問題。

憂鬱有可能是大氣壓力的主要變數所導致，也有可能是在秋末和冬季缺乏日照所致。一位三十一歲的女性寫道：「我一直很怕秋天來臨，當樹葉掉落，我的心情也蕩下來。我看到地上的第一批落葉就驚慌起來……我無法工作；我不想起床，我的體重上升。我束手無策。每年秋天我就開始這個循環，一直持續到冬天過去。只要白天開始變長，樹上開始冒綠葉，我就又醒了過來……我常希望自己是一隻熊，這樣我就可以冬眠直到春天來臨。冬眠對我再合理不過了，我的壓力會大大減少，也不必試圖維持正常的生命。」[53]

有些人開玩笑說天氣影響我們的心情，欸，對某些人來說，這一點都不是開玩笑。上面那段話正是描述一種臨床的憂鬱症，稱為「季節性情緒失調」（簡稱SAD）。這種失調所反映的是季節性的情緒擺盪，好發於秋末冬初，會持續到春天來臨，憂鬱才會消除。受影響的男性與女性數目比例大約是一比四，尤其常見於二十多歲和三十多歲。患者會變得無精打采、非常疲倦，睡得比以前多，躲在家裡避不見人，覺得焦慮和易怒，體重多半會增加。假如這些症狀連續兩年在三個不同時間出現過，那就是季節性情緒失調（SAD）了。

起因有可能是褪黑激素分泌不足，有些研究者相信，由於曝露在日光下可使憂鬱消除，可見冬天的日照減少會影響腦部的神經化學物質分泌。SAD患者可在一種特殊的光箱前每天照三十分鐘到五小時不等，狀況可獲得紓解。這可不是日曬機，也不是光線充足就行。那是一種裝有數支螢光燈管的特殊燈箱，發出足量的自然光線，比室內光線強十倍到二十倍。[54]關於這方面的詳細資訊，請看羅森塔爾醫師（Norman E. Rosenthal, M.D.）的著作《冬季布魯斯》（暫譯，*Winter Blues*）。

有一種憂鬱的表達越來越受到大家的注意，就是所謂的「大起大落疾病」，躁鬱症的情緒循環範圍很大，情緒低時會非常低落，情緒高漲時又非常狂熱，令他有一種什麼事都能達成的感覺。這人狂喜的感覺像要飛上天，很「嗨」，變得非常活躍，只睡一點點就夠了；他的思緒飛快，但也支離破碎，他覺得他需要講個不停。不重要的問題或事情會使他分心，他在思想中膨脹自己的能力，他的行為是衝動的，他的判斷力很弱。可以預期他會發生如超額支出、以性為發洩出口等等的問題。

這人可能在這種狂躁的模式下好幾天或好幾星期，但過了之後，一切嘎然而止，他就撞上擺盪的情緒的另一端。這通常是遺傳的疾病，會在這人一生中反覆發生。這種病不分性別，患病的男性和女性數目相等。有各種藥物被用來治療這病，其中最常見的處方藥是鋰。如有很「嗨」或狂喜的感覺，又有以上三到四種症狀，就可被歸類為躁鬱症。

憂鬱症是一種罪嗎？

關於憂鬱症，基督徒最常問的是罪的問題。「憂鬱症是一種罪嗎？基督徒憂鬱是一種罪嗎？」憂鬱症本身和陷入憂鬱並不是罪。有時憂鬱是罪的一個後果，但不總是。有可能是罪的一個癥狀，提醒我們犯了罪。一個丈夫毆妻或對妻子不忠，可能經驗到罪疚感加上憂鬱，那是他行為的後果。他受到警告，他的憂鬱是他所做之事的後果。

憂鬱症患者從過去就有，以後也會出現，你並不孤單。事實上，你的同伴還真不少。在舊約裡有許多蒙神重用的人抑鬱到甚至想死——例如摩西，還有約伯、以利亞、約拿，和詩篇的某些作者（尤其請看詩篇四十二和四十三篇）。歷史上的偉人，有男也有女，都曾與憂鬱症搏鬥。所以不要讓任何人告訴你陷入憂鬱是不正常的，憂鬱是一種罪，或基督徒是不會經歷憂鬱的。全非事實！憂鬱是對於生命所發生之事的正常反應。

許多人讀到耶穌在客西馬尼園陷入憂鬱的記載，就感到驚訝。耶穌是一個完全的人，沒有犯過任何的罪，然而他具有完整的人性，也跟我們一樣會受到試探。請看馬太福音二十六章三十六至三十八節的記載：

耶穌同門徒來到一個地方，名叫客西馬尼，就對他們說：「你們坐在這裡，等我到那邊去禱告。」於是帶著彼得和西庇太的兩個兒子同去，就憂愁起來，極其難過，便對他們說：「我心裡甚是憂傷，幾乎要死；你們在這裡等候，和我一同警醒。」

耶穌知道即將發生在祂身上的事，祂就憂鬱起來。祂並不為陷入憂鬱而有罪疚感，我們也不應該有。但有時我們很難不感到罪咎，因為憂鬱使我們從扭曲的角度看人生，也使我們裡面任何一點罪疚感更加強烈。於是，為憂鬱感到罪咎卻導致更加憂鬱。

很遺憾，許多人都聽過牧師或傳道說陷入憂鬱或憂鬱症本身是一種罪。每次聽到我就感到心裡一陣緊揪，我為會眾當中可能正經歷憂鬱的人感到不忍。真不知這信息對他們是怎樣的打擊。

我在諮商室面對一位經歷憂鬱的患者時，常會這樣問：「你能不能找到一個可以為憂鬱而感謝神的地方？」獲得的反應通常是一臉困惑。憂鬱是傷人的、會痛的，我怎麼能說為憂鬱感謝神？於是我說：「或許它是一個徵兆，顯示你生命中有某個地方正在呼籲你注意，正在求救。假如你不曾陷入憂鬱，可能情況會更糟糕。」

我們需要將憂鬱視為一個需要我們盡快回應的信息，待查看憂鬱的許多起因之後，我們就會明白為何如此。我們也會看一看聖經裡的幾位陷入憂鬱的人物，我們將探討憂鬱之於他們生命的意義。

發生憂鬱之時，我們的靈性上有什麼變化嗎？有無任何可預測的症狀或傾向？有兩個極端會發生，最常見的就是避不與上帝溝通。我們多半不願一如往常地禱告或讀聖經，為何？可能是因為我們感覺神已拒絕我們，或撇下我們了。因為罪咎是憂鬱的一部分，我們傾向於感覺神是以拒絕我們以示懲罰，這就造成我們靈裡的退縮封閉。但神真的了解我們的心情起伏，祂既不拒絕也不懲罰我們。躲避不見神，只會更加深我們的憂鬱。

也可能發生完全相反的情況：過度投入屬靈事務。有些人可能因內心罪疚感的補償作用，使得他每天花好幾小時禱告讀聖經，但憂鬱症絲毫未見紓解。如此密集的活動實際上反而使憂鬱不得紓解，因為我們忽略了其他需要注意的生活領域。

憂鬱三階段

也許你記得青蛙與滾水的民間故事。如果你把一隻青蛙丟進爐子上的一鍋冷水裡，牠會開始游來游去，挺自在的。但如果你把火轉開，用小火慢慢加溫，那青蛙並不會察覺溫度的變化，牠會適應溫度的改變。等到水變得很熱，接著沸騰，最後青蛙就被煮熟了。由於熱度是一點點慢慢上升，所以青蛙毫無察覺，到最後為時已晚。

憂鬱就像這樣：起初很難偵測。我們可能經歷某些徵狀，但並不了解真相直到嚴重惡化才知。而且陷入憂鬱越深就越難破除它的掌控。請看以下所描述的憂鬱三階段：

輕度憂鬱。你的心情可能有一點低落，通常令你樂在其中的事，現在卻變得興趣缺缺。你可能有一點灰心氣餒的感覺，但你的想法還算正常。可能身體會出現一

憂鬱症的三個強度

輕度	中度	重度
心情低落	相同症狀增強	非常嚴重
對什麼事都不大感興趣	絕望的感覺	靈性的退縮封閉或發狂似的過度專注
想事情還可以	想事情就痛苦而且很慢	左列全部症狀都會變得更嚴重
胃像打結似的	更專注於自我	
飲食與睡眠都還可以	自責不已	
輕微的靈性退縮封閉	飲食和睡眠有點被打亂	

點徵兆，但是你的睡眠和飲食習慣都還維持正常，偶爾可能會出現一點靈性退縮的情形。

如果你能看出這些徵兆是憂鬱的指標（並且如果這是一種反應性的憂鬱），那麼你還在可逆轉的位置。問你自己這些問題：「我的憂鬱是在試圖告訴我什麼？會是什麼事導致這種反應？這時有什麼最好的方法讓我自己穩定下來？把這情況跟人分享會有幫助嗎？若有，我會找誰分享？這時讀什麼經文會有幫助？還有其他資源可以幫助我嗎？」（採用排好進度的閱讀計畫大有益處，可包含一本每日靈修和特定的經文。相關建議參見本書第十五章。）「這時有哪些類型的行為或活動對我有幫助？」

中度憂鬱。以上所有症狀都增強了，但現在更浮現強烈的絕望感。你的思想開始變慢，因為你的想法更多圍繞在自己上。你會毫無明顯理由地默默掉淚。睡眠和飲食的問題可能浮現——吃太多或吃太少。靈性上的掙扎更強烈了，你更傾向於躲避神的面。落入這一型的憂鬱時，你會需要別人來協助你應付憂鬱，但是你卻傾向不願讓別人知道你的困難，可如此一來，你就更陷入困境出不來。

重度憂鬱。以上發生的症狀都有並且非常嚴重。無視個人事務變得很明顯，忽略外貌和整潔，不刮鬍子或不想化妝。厭惡每日該完成的工作。靈性的症狀也很明顯——不是退縮封閉就是過分專注。經常哭，伴隨著強烈的沮喪感、被拒絕感、灰心氣餒、自責、自憐和罪疚感。飲食與睡眠模式全被打亂。

一個人雖承認自己有輕度或中度的憂鬱，而且並不想這樣，可往往他不知道該如何甩掉憂鬱。為了防止落入中度或重度憂鬱，務必「放掉」我們的憂鬱。先放掉再孤注一擲，這是阻止憂鬱重擔持久的關鍵。讓我舉例說明，想像你在一個很深的池子裡抱著一顆沉重的石頭。石頭的重量開始把你往下拉，「我在下沉」，你對自己說。這念頭會使你怎樣？使你感覺很慌。現在你只知道一件事就是你在下沉，水淹過你頭頂，你越沉越低，你想：「我一直在往下，往下，往下。」這使你感覺更慌了，你就把石頭抱得更緊，於是你又往下沉，就這樣惡性循環下去。

問題是在你不斷往下沉嗎？不是！是在那顆石頭。放掉那顆石頭，然後你就會有機會從水底回到水面上。

又或者是，你正在游泳，發現你沒想到自己有點疲倦無力，或是發現水深比你想像的更深，或是水流的速度超過你預期，這時你可以立即採取行動，迅速游回岸邊以避免可能的災難。希望你從這次經驗學到教訓。同理，當你在輕度憂鬱階段時，也可以採取類似行動。

但若水流太強，或是你已精疲力竭，瀕臨溺水，你會需要救生員的幫助。如果你已走到中度或重度憂鬱階段，或是你的憂鬱已使你一點都不想動，你感到無助，這時你需要一個有愛心、堅定、有同理心又懂得傾聽的人幫助你，把你拉上岸。

健康與不健康的憂鬱

當你能分辨健康與不健康的憂鬱時，就比較容易了解憂鬱症。健康的憂鬱是，當你因為負面的人生經驗而真正感到心痛、悲傷和失望（或許也包含罪咎、生氣和焦慮在內）。這裡所說的負面經驗包括：身心受重創、失去、歧視、不公平的對待，以及任何未解決的傷痛或傷害。落入這種憂鬱時，你照常過日子，只是不像你正常時候那樣。

另一方面，不健康的憂鬱則是在任何較為基本的生活領域上，不能**如常運作**——工作、人際關係、身體機能等等，因為你的悲傷感太重太深。起因有很多，包括太多未解決的痛苦經驗，遺傳上的脆弱性，以及體內化學物質的改變。

健康與不健康的憂鬱的一個主要區別，是健康的憂鬱通常不具備生物學上的本質。另一個主要區別是，憂鬱患者能自行生活的程度。健康的憂鬱比較不嚴重，通常不需要專業的協助就能解決。關鍵要素在於覺察與行動。你**能夠**面對這世界的，但是當你經歷不健康的憂鬱時，通常你會停止運作而且會把世界關在外面。[55]

13

女性與男性的憂鬱

女性比男性更容易憂鬱嗎？似乎是。至少三分之二的憂鬱症患者是女性，並且有些研究指出，男女比例可能高達一比六。[56]幾年前美國心理學會成立「女性與憂鬱」的專案小組，從他們的發現顯示女性比男性憂鬱，基本原因是在當代文化中，女性要面對許多挑戰。[57]

關於女性憂鬱症的發現，許多是來自臨床心理醫師和女性與憂鬱專家麥葛蘿醫生（Dr. Ellen McGraw）的著作與研究。

失去是憂鬱的來源

許多憂鬱患者的生命核心往往都有失去，無論男性或女性。任何失去都可能觸發反應性抑鬱，可能是失去某樣看得見或摸得著的東西：一個人、一份工作、一個家、一部車、一張珍視的照片，一隻寵物，這是真實或具體的失去。依附越強，失落感就越強。女性尤其承受不住的是，失去戀愛關係——因為她們對那份關係投入太深，有很強的依附感。請看史卡芙（Maggie Scarf）在她的經典著作《未竟之事》（暫譯，*Unfinished Business*）怎樣描述這困境：

> 絕望之烏雲常朝「失去所愛」聚攏、盤旋、蒙上陰影。重要人物離去或死亡；無能力與同儕夥伴再建立有意義的連結；由於人生的一個自然過渡而被迫放棄一段重要的感情；婚姻破裂，眼看就要破裂，或只是兩人漸行漸遠；外遇的打擊或是承認關係已變質且將化為烏有……。[58]

潛在破壞力也很大的，還有僅發生在你想法裡的失去：失去所愛、失去希望、失去抱負、失去自尊，或人生其他無形的要素，甚至是一個夢想消失。

然而，最難應付的一種失去，是面臨失去的威脅。這種失去尚未發生，但真的可能會發生。等待切片報告結果，或律師資格考試結果，等待大學入學申請書的結果通知——像這一類帶有失去可能性的情況。因為我們覺得無能力改變，所以產生憂鬱。這種失去的威脅導致我們在某種程度上不得動彈，頭上罩著憂鬱的烏雲。還未發生的失去是很難接受或處理的。

人生充滿各種威脅，有些一直在頭上盤旋不去，有些則是如颶風迎面而來。有些威脅可以處理，只要直接面對那威脅並將之轉為真正的失去，如果可能的話。其他威脅則不得不與之共存一陣子。但，活在面臨失去的威脅之下，如能把心中的痛苦說出來，就會容易多了。

未竟之事

女性所經歷的一些憂鬱來自「未竟之事」，即史卡芙書中所描述的。有些女性可能還未準備好就進入成年階段，她們有一些成長任務未完成，沒有把每一個人生階段的任務都處理好。或許她們從未達到健康離家的程度，或者她們離家時帶著一張未付清的心理帳單，好比亂倫事件或一段感情。她們可能在迴避一潭怒氣的深水，比方對某人積怨很深。[59]

我曾協談過許多奔二十、三十或四十的女性，她們在人生重要的過渡期經歷憂鬱。例如，有位三十多歲的女性想轉身重來，原來她在二十多歲時做了許多選擇，但上了三十以後，她懷疑自己是否做了正確選擇。或許用以下方式更能充分說明：

女性到了三十多歲卻欲轉身，重點在於一向賴以面對人生的假設前提崩裂了。她曾以為她所做的選擇是對的，她曾以為她永遠有機會生孩子，她曾以為她會永遠年輕。進入三十歲以後，她逐漸意識到這些假設其實都是虛謊的。

選擇在家的女性，曾視自己為相夫教子的賢妻良母，現在卻懷疑是否因為沒在外面上班而錯過什麼。隨著子女上學以後，她發現孩子不再像以前那麼需要自己，現在她看外頭的職場像是一個實現自我的地方。假如她當初選擇在家時曾經擱下什麼目標，此時那些目標再度浮現，召喚著她做些改變。

選擇非傳統路線的女性也經歷類似的掙扎，她看著全職家庭主婦，就想是否自己錯過了什麼。也許每天通勤上下班的吸引力已消褪，可能她已厭倦了永無休止的競爭，厭倦了賺錢分擔家計。或許她一度非常渴望的自由，現在卻覺得像牢籠。

或許她曾推遲了關於生孩子的那個選擇。但是過了三十歲，她發覺可以生育的時間所剩不多。三十歲對女性是一個訊號，提醒她黃金生育期快過了。[60]

來到中年，還會失去其他東西。一個女性可能失去她的母親角色、身分、資源，以及身體的吸引力。她可能為自己沒能過上自己想要的人生而難過。[61]

怒氣與罪咎

前面提過怒氣和罪咎都是與憂鬱症相伴而來的，但也會是起因。未承認或未表達的怒氣，會轉而向內尋找懲罰的對象，而在此情況下對象就是你自己。男性對於感受的處理比較具侵略性，但若你很難果斷地表達怒氣，那麼你會傾向於退避、無力感、生悶氣，轉成憂鬱。

罪咎也是憂鬱症的標準起因之一，無論是健康或不健康的憂鬱。罪咎感若不解決，就會轉到其他方面，通常是轉成憂鬱。而憂鬱擱在心裡不去處理，久了就占據你生命。

不切實際的期待也會使我們容易陷入憂鬱；理想距離現實越遠，失望就會越大。對自己、對別人，甚至對我們的信仰不切實際的話，都可能造成問題。這因素常出現在對男人的感情上。因未能符合期待則導致生氣，而生氣若不去處理的話，又會導致……憂鬱！

遺傳性的憂鬱症

到底憂鬱症或傾向憂鬱的體質，是不是遺傳來的，越來越多人對這問題進行研究。

任何人都會遇上患難如排山倒海而來的時候。我們都有我們負荷的極限。每個人一生中都會遭遇痛苦的經驗和情緒的困境，但有些人似乎比別人更容易碰上，像是有憂鬱體質似的。[62]

過去對於遺傳性憂鬱的界定是，一個家族中存在生物上、基因上、文化上或心理上的憂鬱，所出現的悲傷或難過的感受代代相傳，使下一代易受健康或不健康的憂鬱所影響。有時候這種憂鬱被掩飾得很好，難以辨認。導致憂鬱的因素中最難指認的，莫過於生物上或基因上因素，或是兩者都有。症狀可能顯出為成癮行為、飲食失調或心身症。憂鬱的傾向也會經由身教傳給下一代，因為人都是耳濡目染學習的。親人會把憂鬱的思考方式，甚至行為方式，傳給下一代。[63]

從你的家族樹來看，誰是憂鬱的人？在親人中，有誰是憂鬱的？從這方面去思考或研究，可能會對你非常有幫助。一開始不妨先列出你原生家庭的成員，接著上溯到曾祖父母，以及伯叔姑姨。可能你得訪問家族成員或跟你們家來往密切的朋友，要花些時間精力，但肯定值得的。請你盡可能照所列出的家庭成員，一個個按照憂鬱等級打分數，從一到十，一分表示沒有或極小的憂鬱。二到五分表示健康的憂鬱程度提高，六到十分則代表不健康的憂鬱程度提高。[64]

製作量表的同時，你也問你自己，目前你會落在量表的哪個階段？五年前呢？青春期呢？

童年時？在過去兩年中，你經歷多少改變、失去、壓力、失望、身體疾病，或是重大創傷？過去這一年呢？每一次的情況你如何回應？你從別人那裡獲得哪一類型的支持？與任何事件連帶而來的怒氣是否積在你裡面？若有，你怎麼處理？它是不是轉為憂鬱了？

憂鬱症影響你人生的可能性有多大？如果讀者你是一名女性，那麼你至少有四分之一的機率經歷一次嚴重的不健康憂慮。[65]如果你的親人，尤其是女性，曾患嚴重的精神官能性憂鬱症或躁鬱症，那麼你經歷這些憂鬱症的可能性是其他女性的二到三倍。以躁鬱症而言，似乎是從父親或母親那裡遺傳憂鬱的基因或體質。[66]

如果近親中有憂鬱的症狀如酒癮或藥物濫用，你會發展類似症狀的可能性是別人的八到十倍。如果有一近親自殺死亡，那麼你若患上憂鬱症，會比別人更易傾向於自殺。[67]

這對你的意義

這一切的意義是什麼？**不要輕忽你的憂鬱**。要覺察，要換另一種反應方式。將你的憂鬱視為一種信息系統，它正在告訴你有地方出問題了，請找出原因。

女性的健康的憂鬱，多半源自於人跟所生存的世界的互動。假如採取建設性的方式面對挑戰，以正向的行為逐步調適，再加上新的思考方式，就能化挑戰為成長經驗。若是不能，就會轉為不健康的憂鬱。往下讀你會發現六種不健康的憂鬱類型，請反思你現在的生命光景，和你如何一路走來。或許那些起因就在你目前正經歷，或已經歷一段時間的事件核心。

犯罪受害型的憂鬱

許多女性經歷犯罪受害型憂鬱，來自真實的或習得的無助感所發展出來的傷痛感和不好的感覺，再加上女性經常遭遇負面、暴力和歧視行為卻缺乏適應技巧。

被威脅的感覺很容易導致受害者心態，對女性而言，經歷的方式太多了。女性成了情緒型受害者，有些是因被遺棄或受暴力威脅，也有可能是因為生活在不受尊重或被貶低的環境中，這是女性最常見的情緒受害類型；若是在童年時發生，有可能會跟著她一輩子。當女性工作卻未能得到同等的待遇或領低薪，就成了經濟型受害者，有些女性則是被威脅如不服從父母的要求就斷絕她們的經濟來源。

至於身體上的受害不只是被毆打而已，也包含藉由性器官的接觸而受到傷害。身體的傷痕會消失，但身心重創的結果揮之不去。其中重創最深的是性侵受害者；從被強暴到接到充滿性暗示或威脅的電話，都算在內。

請反思你這一生：你可曾是以上任一類的受害者？第一步就是承認受害的經驗，然後指出受害的結果，看你是怎麼反應，然後看你可以做什麼改變，來打破那個模式，進而一步步卸除你的憂鬱。[68]

感情型的憂鬱

第二種憂鬱類型是感情型憂鬱症，同樣也牽涉到悲傷、憤怒和不好的感覺。但這種憂鬱的造成，若不是由於找不到所渴望的一份真感情，就是由於為了維持一段感情，而經歷掙扎、矛盾、失望、傷心和不信任。感情型憂鬱可能是由於低落的自我形象所致，因自我形象低落阻礙我們獲得所渴望的一段感情。或者是由於缺乏獲得一段感情所需的人際關係技巧。女性在這方面尤其脆弱。

為何如此？或許有一個原因是，女性從小所受的教導令她們對於感情型憂鬱比較脆弱，她們通常為維持一段感情而挑起過重的責任；倘若失敗，就非常自責，也會因此將感情的問題視為個人的失敗。還有一個原因是，有太多女性否認感情會帶給人痛苦的事實，她們默默地承受，心中的恐懼、抗議、渴望、心願和傷痛，都不與外人說。建議你一個作法或許有幫助：就是事先認清自己希望在這段感情中獲得什麼，然後再慢慢地放感情進去，這樣做的用意是評估對方的可能性。

熟齡憤怒型憂鬱

如果你現在對這一型憂鬱反應不認同的話，將來有一天也許會的。這是壞心情的健康反應，因為女性生活在這個膜拜青春，又認為女性青春一去不復返的社會上，難免會有這種憂鬱經驗。我們被教導的是，變老就是每一樣寶貴的東西都變少；變老意味著吸引力減退，身體各項功能漸漸不如以往。在我們的社會，女性很害怕變老。男人往往會隨著年紀增長而獲得尊敬，但在我們的文化中，女性卻是貶值的。

三個因素造成這個問題：健康照護體系、化妝品業，和（你大概知道）媒體。女性不斷被信息轟炸，她們必須年輕，或起碼要嘗試看起來年輕、作年輕的打扮——她們的反應就是給自己施壓，推到極端。當女性獲得關於保健的建議時，那些建議多半是基於男性的疾病與需求而來，並不是從研究女性健康而來的知識。我們聽到很多有關男性與心臟疾病的資訊，卻很少聽說這也是女性死亡的一大原因。

老化並非你能避免的狀態；我們都越來越老。但是，儘管你無法改變年華逝去的事實，卻可以改變你如何看待和回應逝去的年華。可以不必把變老視為失去許多機會和失去獨立性。但是，要對抗熟齡憤怒型憂鬱，你必須掌握你如何看待自己。不管別人怎麼哀嘆他們老了，為年老感到抱歉，但你必須學習反文化潮流而行。不妨列一張「熟齡升值」清單，找出年紀增長的各種好處。任何這類計畫有如洞燭機先，可使你從受害者搖身一變，成為自信的女人。[69]

身體意象型憂鬱

當你聽信社會的迷思說，你的價值等於你的外表，那就構成你一個憂鬱的來源了，稱為身體意象型憂鬱，這使許多女性很辛苦地對抗關於她們身體的羞愧、鄙視或失望感，而這些掙扎都是為了要迎合文化對於美女、肢體的完美，和性吸引力的標準，殊不知那都是不實際而且達不到的標準。[70]

枯竭型憂鬱

我所認識的女性大多經驗到某種形式的枯竭型憂鬱，憂鬱來自於被壓垮、筋疲力竭、受壓太重。基本上，不同角色的要求與衝突就差不多把她們榨乾了。企圖兼顧多種角色會有漸漸被掏空的感覺，也會令人絕望。無論你的生活型態是傳統或非傳統的，面對所有的要求，你會有枯竭感的反應也是情有可原。今日女性的疲憊和枯竭感可能更甚以往，因為現代女性必須投入經濟和情緒的大小戰鬥。你沒辦法樣樣兼顧，不管你和別人的期待是什麼。需要工作的母親，無論是已婚或單身，尤其有被榨乾的感覺；每一件事都要做的話，時間和精力根本不夠。如同疲憊是怒氣的一大起因，也是抑鬱的主要原因。

有些女性發現一個妙方，就是把今天要做的事通通列出來（真的是指每一件事），她們研究這張清單，逐漸地把一些事項刪去，把做那些事的時間變成睡眠時間！推薦兩本對你有幫助的書：賴凱恩（Alan Lakein）的《如何掌控自己的時間和生活》（*How to Get Control of Your Time and Your Life*），以及韓賽爾（Tim Hansel）的《休息時，我問心有愧》（*When I Relax I Feel Guilty*）。

心身型憂鬱

女性對**心身型憂鬱**並不陌生，共分三種。你的身體會在你的心思裡製造憂鬱，或因為你的心思給身體製造生理問題而產生憂鬱。心身型憂鬱也會從身體的症狀呈現出來，不是感覺而已。最後一種純粹是荷爾蒙與生物化學物質的改變所產生的結果，女性一生不同的階段都會經歷這些變化，包括：月經、懷孕、產後的荷爾蒙波動、停經、停經之後，或各種各樣的生物化學物質不平衡。研究指出，有兩成到八成的女性經歷某種經前症候群，而經前症候群常與憂鬱密切相連。這方面有兩個非常棒的資源：羅爾森醫師（Niels H. Laursen, M.D.）所著的《經前症候群》（暫譯，*Premenstrual Syndrome*），以及韋爾斯醫師等（Robert G. Wells, M.D., and Mary C. Wells）合著的《停經與中年》（暫譯，*Menopause and Mid-life*）。

男性的憂鬱

男人也會經歷憂鬱，遭遇此情況的男性比我們所知的更多。許多人掩飾這掙扎，不讓外界知道。他們不僅在別人面前偽裝，甚至對自己也常常偽裝。我們說許多男性經歷的是**隱蔽型**憂鬱，而非**敞露型**，但照樣能驅使一個男人的行為。這個戴上面具的憂鬱症可驅使人拼命工作以麻痺痛覺，或者，他會用怒氣顯露出來。有些男人試圖借酒澆愁。[71]

憂鬱症被戴上面具時，一個男人就跟他的實際狀況隔絕了，不但如此，他也切斷了任何來自他人安慰的可能性。隱蔽型憂鬱症在我們的社會蔓延，文化必須負一部分責任。傳統的男子漢不但把強烈的情緒表達視為不像男人，而且不准男性示弱。一個男人應該永遠「剛強」，沒有其他商榷餘地。許多男人一旦顯露內心的脆弱，就會覺得羞愧，所以縱有憂鬱症也絕不承認、絕口不提。就男性形象而言，抑鬱狀況本身是男人無法接受。

文化也加深了男人要靠自己，不應該向外求助的迷思。所以男人縱有創傷也不會講出來，結果更加重抑鬱。[72]

男人不看他確實有需要而且需要別人的事實，所以用沉默來保護自己。很可惜，沉默是謊言，使男人所受的傷害更重、變得更軟弱。

許多男性在童年時期受到傷害或重大創傷，他們學會凍結自己的感覺。憂鬱症是一凍結的過程。當一個男人能夠容許他隱蔽的憂鬱變成敞露時，他可能會經歷到悲傷，這是好的。悲傷是抑鬱的藥。受到傷害的失落需要被承認和被釋放。當一個男人不再試圖麻痺他的感覺，他就能把感覺表達出來。然後，他就能發現他害怕一開始表達或一開始哭就會停不住，其實是毫無根據的。

14 克服憂鬱

困惑加上五味雜陳的複雜心情——這是人們對這個我們稱為憂鬱症的病的反應。但是不要忘了，憂鬱症有一個目的：提醒你有個地方出問題，要找出原因，好讓你能從根源解決。

第一步就是，承認你所經歷的是憂鬱症。給它安一個名字，不要忽略你裡面發生的事。務必正視和處理你的憂鬱，有四個充分的理由：

1. **免得後悔莫及**。如果你不把它放掉，你會孤注一擲做出以後（當憂鬱症解決時）會後悔的事。憂鬱症者有時候會在抑鬱之時做出滔天大錯，有的甚至辭掉工作或拋棄婚姻。後來憂鬱症解除，他們回顧時就想：「我怎麼會做出那種事？」

2. **免得問題加劇**。如果你不把它放掉，必給自己招來更多痛苦，這就叫「抑鬱定理」。糟糕的感覺似乎會招致更多壞事發生，印證我們原本就疑慮的許多不好的事，於是憂鬱又更加重。這些更形複雜的問題可追溯到抑鬱者微弱的適應能力和彈性。

3. **免得變成慢性憂鬱症**。如果你未能放下憂鬱症，就是把病拖成慢性或習慣性的憂鬱症。抑鬱成了你對人生失望之事的主要反應方式。

4. **免除自我毀滅的可能性**。如果你未能放下憂鬱症，就是讓自己走上自殺的傾向。如果憂鬱盤旋而不去處理，會導致絕望感，令人覺得人生就是一場惡夢。憂鬱症者回憶的全是痛苦的時刻；美好時刻都被塗抹掉了。[73]

如果你發現你陷入憂鬱，這時你能做什麼？首先，檢查有無任何身體方面的原因，不妨找醫生以釐清這方面的因素。假如身體方面並無任何導致憂鬱的原因，那麼下一步試問你自己兩個關鍵問題。甚至不妨問你的伴侶或好友，以助你把這兩個問題好好想清楚。

1. 我的憂鬱是否在任何方面跟前一章所討論的六種不健康的憂鬱有關？若是，這說明在人生此時我需要做什麼？

2. 導致憂鬱的原因是不是我正在做的任何事引起的？檢查你的行為，看看是否符合聖經和你的價值觀。自問是否在做任何會強化憂鬱的事情。

憂鬱症該怎麼處理

看看你抑鬱的「觸發器」是什麼，有些很明顯：你一下就曉得什麼引發憂鬱。其他原因比較難發現。為了幫助你追溯起源，請把以下問題抄在一張卡片上：「剛才我做了什麼？剛才我去了哪裡？跟誰講話，看到了什麼？我讀了什麼東西？我在想什麼？」每次你陷入憂鬱就把這張卡取出來看；如果你回想起是哪個念頭或事件引爆憂鬱，就很有幫助了。

請勿企圖獨自處理你的憂鬱症。倘若憂鬱症跟著你已有一段時間了，請告訴一位可信任的朋友，還要去找專業的基督徒心理諮商師。總之要做點什麼事。漠不關心是陷入憂鬱的副產物，會使我們的行為加重憂鬱症。容我建議波茵瑟（Brenda Poinsett）所推薦的方法；她本身曾深陷憂鬱之中，她把那段經歷寫在《我怎會有這種感覺？》（暫譯，*Why Do I Feel This Way?*）這本書裡。以下是她提出的症狀，如果你有其中任何一項，請尋求受過訓練的人協助你處理。這些建議也適用於男性。

不知道究竟什麼引發憂鬱症時，我們需要幫助。絕望的烏雲不知從何處飄來，那絕望既黑且深，老實說，我們根本想不出原因。

如果出現自殺的念頭，我們需要幫助。

如果出現妄想和錯覺，我們需要幫助。

如果無法入睡，或是體重掉很多，或是身體不舒服的情形嚴重到可能影響健康時，我們需要幫助。

如果令人絕望的情景在腦海重複播放，我們需要幫助。

當憂鬱症已經傷害到婚姻關係、家人或工作時，我們需要幫助。

如果憂鬱症已經持續超過一年，我們絕對需要幫助。

符合以上任一情況的人，都需要考慮向外求助，以克服憂鬱症。憂鬱症是一種可治療的疾病，雖然並無一種簡單的藥對每個人都有效，但有好多種治療方式可用。[74]

如果這一種方式未能使你擺脫憂鬱症，可嘗試其他方法。任何飽受憂鬱症之苦的人都需要知道如何獲得幫助，以及可取得哪些協助。

什麼時候需要心理諮商？

當一個人與憂鬱症搏鬥，有時最有效的方式是尋求諮商或服用藥物（或二者同時）。如果你的憂鬱一陣一陣頻繁出現（從每天到一星期數次），連帶的症狀持續兩星期或更久，並且逐漸增強，那麼你可能要尋求諮商。抑鬱會使你傾向把自己孤立起來，不採取求助的必要步驟。請不要把憂鬱症當你個人的祕密，要讓懂得憂鬱症是怎麼回事、又有愛心的人知道你的掙扎，讓他們幫助你。

有許多例子是靠吃藥打破憂鬱的持續循環的。藥物並不可怕，也無須迴避。我親眼見過許多人吃了藥就好轉起來。今天可使用的藥物有很多種，不過，全都必須在醫師或心理醫師的診療下，開立處方而使用。有些藥物的確有副作用，更改用藥或調整劑量以找出最適組合，並非不常見的事。

如果你發現自己陷入憂鬱，還可以做一件事，就是評估你的想法並作價值判斷。這是非常重要的，因為如果你的思考模式是負面的，而你又一直給自己負面的價值判斷，那麼結果必然是抑鬱了。

首先，辨認和識別你對自己表達的想法。某件事發生你的憂鬱症就來了，你需要了解在你的感覺背後不只那外在事件而已。或許你對於所發生的那件事，有負面的想法或作出負面的價值判斷，使你步入憂鬱症。

第二，要了解你的許多想法是自動產生的，不由自主。你不必動腦筋，那些想法就自己冒出來。它們不是刻意去想或推理的結果。但如果你找出反對的理由，你就能把它們踢到一邊去。

第三，要區分想法與事實。你可能想到某件事，但不表示你想的就是真實的情形。如果你因為感覺配偶不喜歡你的穿著打扮、或不喜歡你燒的菜，你就落入憂鬱，去問問對方吧。有可能你是對的——但也有可能你搞錯了。如果你作了推測，務必查驗是否真的如此。

最後一點，每一次你發現有一個想法不正確，都要具體指出為什麼不對或無效。這一步太重要了！把原因用話語說出來，對你有三方面的益處：它會實際減少那想法再次出現的次數，它降低那想法的強度，它削弱隨想法引發的感覺或情緒。越常用這種方式反擊你的負面想法，你的憂鬱症就越減輕。

採取正向步驟

開始跨出正向步驟以克服憂鬱吧，問你自己這三個問題：

1. 我的憂鬱症為我做了什麼？憂鬱有給我什麼好處嗎？
2. 過去幾個月或幾年來，我是否遭遇任何重大變遷或壓力？是什麼改變或壓力？我要如何試著調整自己？
3. 目前我處於什麼環境？這環境是在幫助我走出憂鬱症，還是可能反而使我陷得更深？

然後，再多採取以下幾個步驟：

1. 查看你的飲食和睡眠習慣，是否應該改變一下？
2. 你有照著平常的生活常規走嗎？還是你封閉了自己？好比躺在床上時間更長，跟朋友避不見面，任碗盤堆積在水槽裡，避免從事日常活動？你是否切斷與朋友和家人的聯絡？若是，請務必強迫自己保持主動，雖然似乎非常難。要記得，開始切斷與外界的聯繫這種行為，只會使憂鬱更加重。你必須打破抑鬱的行為模式，如果你自己做不到，就請某人幫助你。

3. 如果你是已婚，讓配偶知道你陷入了憂鬱。請他或她耐心聽你說明，如果你希望他提出看法，就讓他說；但若不想，就明講你希望他不要評論。如果你在生他的氣，或是生任何人的氣，就跟對方討論你的感受，把事情攤在陽光下。

4. 每一天，或是由你自己或請別人幫忙，列一張清單，上面寫如果你不憂鬱的時候會用這一天做什麼事。請詳細地列出來，然後擬定一個計畫，每一天你要怎樣照著清單上的事情一樣樣完成。

還有一個方法也可以培養正向行為模式，就是把愉快的事情詳細地列出來（必要時可請人幫你一起想），清單製作完成後，每一天挑幾件出來做。排出「歡樂事」行程表雖非治療所有憂鬱症的萬應丹，但是藉由你的行為，往往就能打破憂鬱的模式。絕大多數人在投入愉快的活動時，心情都會好多了。

專注默想積極肯定的經文，也會幫助你。每天早上讀這些經文吧；把它們製作成海報，張貼在你家各處：詩篇 27:1–3，37:1–7；以賽亞書 26:3，40:28–31。

有可能以禱告擺脫憂鬱症嗎？有些人試過但並未發現改變。其實要看憂鬱症的類型或起因。假如直接起因是罪，那麼包含認罪、悔改和接受赦免的禱告，能除去你的憂鬱症。但是很常見的情況是，憂鬱症者**以為**他的憂鬱是犯罪所導致，但其實並不是。這往往反映出此人的無價值感，所以憂鬱伴隨而來。

有些人提倡讚美神作為擊退憂鬱的手段，真心向神發出讚美，讚美祂賜給我們力量，可以作為處理憂鬱症的一個輔助。不過，因為處在抑鬱狀態的我們可能無法感覺內心充滿讚美，所以要等到我們感覺想讚美祂，這樣對我們反而是阻礙。倒不如用那時間精力坐下來數算我們的祝福，寫下來之後再禱告，具體地一樣樣告訴神，這樣或可擦亮我們的眼睛。而且最好是找一個並不憂鬱、又深知你生命光景的人一起做這件事。

變得更活躍

當你落入憂鬱當中，最棒的解藥之一，就是變得更活躍。改變你的活動等級好處不少，但往往知易行難，因此你得違反你的感覺去行動。提高你活躍程度的第一步，就是找出充分的理由，足以值得你去嘗試。第二，你需要挑戰你正在使用或以後會使用的、抑制你活躍起來的想法和觀念。

增加你的活動肯定會改變你的想法。當你的活動減少，你會認為自己能力不夠、懶惰、沒有價值。變得更活躍的一個好理由就是挑戰那些觀念；你變得更活躍就是在製造你並不是那樣的證據。你讓你自己看到，你能夠起步向前走，並能達成一些成果。

研究指出，活動會使你的心情變好。一般來講，你做越多事，感覺就越好。另一個益處是，轉移你對憂鬱症的注意力，使你除了那些不快樂的想法以外，還有可分心的事。

活動也會抵消那因憂鬱症而來的疲憊。說來弔詭，當你陷入憂鬱，你反而需要做更多事以獲得更多精力。當你不憂鬱的時候，休息和不活動可使你恢復精力。研究也顯示，活動會提高你的動機。藉由完成一件簡單的任務，你會有動機去嘗試別的任務。憂鬱症還有另一個悖論：你必須去做你覺得不想做的事，然後你才會覺得想做！很奇怪吧，但真的是這樣。這種現象並不限於抑鬱狀態下的人，因為許多人都發現，先去從事一項行為，他們的感覺會隨著那行為之後來到。

藉由活躍地做事，你能刺激自己思考，於是你的心智能力也受到刺激。以前無法解決的情況，現在終於給你找到新的解決方式。

當你變得更活躍時，會發現別人也積極地強化你所做的事。你不必再聽他們建議你「起來做點事吧」。

以下有一張活動記錄表，可幫助你記錄你做的事。書寫的運動也很重要，因為當你陷入憂鬱時，你不但想不起來正面的事，連負面的事也想不起來。由於選擇性的記憶在你身上作用，所以要留意你所寫的，可能你傾向於寫負面的事，好比說：「我什麼事也沒做。」但，也許你真的沒做什麼事，包含看一個電視節目、喝了一杯茶。所以不是寫沒做什麼事，而是記錄你看電視、喝茶，因為這就是做事啊。按每一小時記錄你做了什麼，如此持續一週。接著在每一件事的右邊標記你的滿意度，從0到5分（0表示毫無感覺，5表示很棒）。列表顯示可幫助你看出什麼事會帶給你快樂和滿足。

有件事也很重要，就是規畫你實際會去做的行程表。把你的活動排入行程表，說明你再一次掌握你的生活。這也能幫助你克服猶豫不決，這是憂鬱症常見的一個徵狀。固定用行程表安排活動，使你有機會辨識和對抗使你無法行動的自我挫敗的想法。當你回顧你今天完成哪些事，再看隔天你計畫做的事，你就會開始對自己有另一番不同的感受了。

如果你錯過一件事，就隨它去吧，另外安排一個時間去做就好了。如果你提早完成一項工作，不要緊接著做下一件事，仍然要等到排定的時間到了再開始。多出來的等待時間，可以做一件愉快的事。安排行程表時要以半小時、一小時的間隔交錯，所計畫的活動不要太細瑣也不

每週活動行程表

	週日	週一	週二	週三	週四	週五	週六
9:00–10:00							
10:00–11:00							
11:00–12:00							
12:00–13:00							
13:00–14:00							
14:00–15:00							
15:00–16:00							
16:00–17:00							
17:00–18:00							
18:00–19:00							
19:00–20:00							
20:00–24:00							

要太籠統。不要自不量力。用一種愜意的步調享受日常活動，也是規畫的一部分。

如果你已經好幾個禮拜沒打掃家裡了，那麼可能得花好幾週或好幾天，才能稍微有整潔的樣子。延長時間是沒問題的！把你的任務拆成幾件較小的工作，由易到難分批做。把需要做的事列出來，無論是打掃地下室、整理庭院或是客廳。把你在這整件事底下要做的事項列出來，整理客廳可能包含：把所有雜誌都撿起來放好、擦拭、吸地、洗兩扇窗戶、清除安樂椅上的狗毛，等等。

如果你很想跳過行程表的事不做，不必驚訝。你可能會對自己嘗試的破壞手段，以及如何對抗那些手段，都在這裡：

聲明：「我想我沒辦法想出任何活動然後排出行程表。」

回答：可能你的困難是想不出任何活動，何不把你每天必須做的事（好比三餐和穿衣服），還有能令你愉快的活動，給你一點成就感的活動列出來？

聲明：「我從沒記錄過自己做了什麼事，我從來都沒辦法按照行程表做事。」

回答：排行程是一個很簡單、第一次就上手的技巧。假如你很難以一小時為一格做一件事，那你可以這樣：早上八點到十點排一件事，十點到十二點排另一件事，下午一點到六點再排一件事。這是個起步的好方法。

聲明：「我的困難在於很容易分心，我就是沒辦法一件事做到底。」

回答：把一般情況下令你分心的事都列出來。把它們一個個指出來，接著寫出你要如何拒絕它們把你的注意力分散。你可能需要拔掉電視、電話和家用電腦的插頭，等工作完成之後再把插頭插回去。如果接到電話，就告訴對方你正在忙，稍後再回電話，這樣並不會失禮。

給你自己打一個契約吧，好比：「我要用三十分鐘把家裡打掃好，接著二十分鐘看時尚雜誌。」

用一些標記貼在家裡，提醒你答應的事和下個行程。標記要突兀而不同，才會吸引你注意。當你著手一件任務，挑選最簡單輕鬆的先做，這樣最能保證自己會成功。

15 更美好的人生

你能想像你的人生在經過憂鬱症之後會更美好嗎？縱使現在你覺得不大可能，但許多人確實經歷這現象，還記得約伯記最後一章裡的一節經文嗎（四十二章十二節）。藉著你的憂鬱症，你可以對人生有一番新的看法，更明白你的身分和你的能力，以新的方式看待別人、人與人的相處，跟神的關係也會更深。最後這一步是當你用神的話語餵養靈命時會達到的，尤其是用像這樣的經文：

神啊，求你保佑我，因為我投靠你。（詩篇16:1）

我將耶和華常擺在我面前，因他在我右邊，我便不致搖動。（詩篇16:8）

你必點著我的燈；耶和華─我的神必照明我的黑暗。（詩篇18:28）

耶和華是我的亮光，是我的拯救，我還怕誰呢？耶和華是我性命的保障（或作：力量），

我還懼誰呢？（詩篇27:1）

耶和華啊，我用聲音呼籲的時候，求你垂聽；並求你憐恤我，應允我。（詩篇27:7）

神是我們的避難所，是我們的力量，是我們在患難中隨時的幫助。（詩篇46:1）

神啊，求你按你的慈愛憐恤我！按你豐盛的慈悲塗抹我的過犯！（詩篇51:1）

你覺得你這個人怎樣？你怎麼看你自己？和神眼中的你一樣嗎？省思神的話語，神的話語會啟示關於你是誰，並會告訴你神是怎樣的神，這是你改變對自己看法的基礎。

當我們明白神盡心盡意要在我們生命中成就美好的事，也會更深刻了解神是誰，以及祂有多想在我們生命中動工。請思想神的話怎麼說明這一點：「我一生一世必有恩惠慈愛隨著我；我且要住在耶和華的殿中，直到永遠。」（詩篇23:6）「又要與他們立永遠的約，必隨著他們施恩，並不離開他們……我必歡喜施恩與他們，要盡心盡意、誠誠實實將他們栽於此地。」（耶利米書32:40-41）

幾年前我們教會的詩班唱了一首我從沒聽過的新歌，歌詞是由西番雅書三章十四、十七節改編。歌詞印在教會週報上，我看了好幾遍，那天之後也一讀再讀，因為實在鼓舞我、啟發我，且提醒我神是多麼寶貴我：

天父要因你喜樂跳舞！
祂因祂所愛的人喜樂。
那讚美的歌聲是從詩班傳來的嗎？
不，是主耶和華因你喜樂歡唱！
祂必因你而快樂，歡然歌唱！
我的心要因神誇耀，
因為祂聽了我的呼求。
祂以信實待我，明晰如清晨的甘露。
我的靈啊，甦醒吧，要歌頌神！
讓我的靈因神而歡欣！
錫安的女子啊，要用全心歌頌祂！
拋開懼怕，因你已得復興！
穿上讚美衣如同過節，
與天父齊唱榮耀歡欣的歌。

神因你而喜樂，歡然歌唱！[75]

是否從以上歌詞看到你在神眼中何等寶貴？是否看到可能性的門窗已經大開，你有很多選擇，你仍有希望，是否看到你最終必能徹底擺脫憂鬱症？

我發現還有一個幫助，就是來自每一天誦讀哥林多前書十三章四至八節。請連續一個月每一天這樣做，配合你正在做的其他一切對抗憂鬱症的事，這樣，你必將溫和地、逐漸地改變你對自己的看法。

因為神愛我，祂不會輕易地對我失去耐心。

因為神愛我，祂使用我人生的境遇來造就我的成長。

因為神愛我，祂不需要讓我對祂的崇高與大能留下深刻印象，因為祂就是神；祂也不需要貶低我這個屬祂的孩子，只為了顯示祂有多重要。

因為神愛我，祂是幫助我的。祂要看見我長大成熟，在祂的愛中成長。

因為神愛我，我雖小錯不斷，但祂不會對我犯的每一個小錯大發烈怒。

因為神愛我，祂不會計算我犯了多少罪，然後一有機會就猛敲我的頭。

因為神愛我，所以當我沒有走在祂所喜悅的道路上，祂就深深地憂傷，因為在祂眼中這就證明我不夠信任祂，也不夠愛祂。

因為祂愛我，所以當我經歷祂的大能與能力，並且為祂名的緣故，在人生的重壓之下仍站立得住，祂就為我歡喜。

因為神愛我，所以祂一直耐心地在我身上工作，儘管當我覺得想放棄，不明白為何祂不放棄我時，祂仍耐心對我。

因為神愛我，所以祂從不說我沒有希望了；相反，祂耐心地與我同工，愛我，管教我，祂對我的眷顧之深，深不可測。

因為神愛我，所以祂絕不會撇下我，儘管我許多朋友都可能撇下我。

因為神愛我，所以當我重重地跌進絕望的谷底，當我看到真實的我，相較於祂的公義、聖潔、美麗和慈愛時，祂仍一直在我身邊。像這樣的時刻，我真的能相信神是愛我的。

是的，最美好的恩賜就是神完全的愛！[76]

註釋

1. James R. Beck and David T. Moore, *Helping Worriers*（Grand Rapids: Baker Books, 1994）, p. 26.

2. 原始出處不明。

3. John Haggai, *How to Win over Worry*（Eugene, OR: Harvest House Publishers, 1987）, pp. 16-17. 中文版書名：《如何克服憂慮》。

4. Edward M. Hallowell, *Worry*（New York: Pantheon Books, 1997）, p. 73，改寫過。

5. 同上註, p. 9，改寫過。

6. Beck and Moore, *Helping*, pp. 31-33，改寫過。

7. Hallowell, *Worry*, p. 5，改寫過。

8. O. Quentin Hyder, *The Christian's Handbook of Psychiatry*（Old Tappan, NJ: Fleming H. Revell, 1971）.

9. Earl Lee, *Recycle for Living*（Ventura, CA: Regal Books, 1973）, p. 4.

10. Samuel H. Kraines and Eloise S. Thetford, *Help for the Depressed*（Springfield, IL: Charles C. Thomas, 1979）, pp. 190-91.

11. Hallowell, *Worry*, p. 67.

12. 同上註, pp. 56-65，改寫過。

13. Lucinda Bassett, *From Panic to Power*（New York: Harper Collins, 1995）, pp. 32-33，改寫過。

14. 同上註, pp. 70-80，改寫過。

15. 同上註, pp. 156-157，改寫過。

16. Beck and Moore, *Helping*, pp. 19-20，改寫過。

17. Hallowell, *Worry*, p. 39，改寫過。

18. Elizabeth Skoglund, *To Anger with Love*（New York: Harper & Row, 1977）, p. 32.

19. Dennis and Matthew Linn, *Healing Life's Hurts*（New York: Paulist Press, 1978）, pp. 102-03，改寫過。中文版：《治癒生命的創傷》。

20. For a discussion of these and other related studies see Matthew McKay, Peter D. Rogers, and Judith McKay, *When Anger Hurts*（Oakland, CA: New Harbinger Publications, 1989）, pp. 23-32, 改寫過; and Redford Williams, *The Trusting Heart*（New York Time: 1989）, pp. 49-71，改寫過。

21. Joseph Cooke, *Celebration of Grace*（Grand Rapids: Zondervan, 1991）N.P. Previously published as *Free for the Taking*（Revell, 1975）, pp. 109-110.

22. Elizabeth Skoglund, *Anger*, pp. 78-79，改寫過。

23. Gary Hawkins with Carol Hawkins, *Prescription for Anger*（New York: Warner Books, 1988）, pp. 45-51，改寫過。中文版：《生氣處方》。

24. Adapted from H. Norman Wright, *Communication—Key to Your Marriage*（Ventura, CA: Gospel Light, 1995）. 中文版：《幸福婚姻聖經》。

25. Hawkins and Hawkins, *Prescription*, pp. 196-98，改寫過。

26. H. Norman Wright, *So You're Getting Married*（Ventura, CA: Regal Books, 1987）, p. 130.

27. Aaron T. Beck, *Love Is Never Enough*（New York: Harper & Row, 1988）觀念擷取自270-274頁，以及我針對夫妻諮商所進行的為期數年的溝通實驗。

28. 同上註, pp. 274-76，改寫過。

29. David Viscott, *I Love You, Let's Work It Out*（New York: Simon & Schuster, 1987）pp. 177-78，改寫過。中文版：《攜手造就愛情》。

30. Mark P. Cosgrove, *Counseling for Anger*（Dallas: Word, 1988）, p. 120，改寫過。

31. Lewis Smedes, *Forgive and Forget*（New York: Harper & Row, 1989）, p. 37.

32. H. Norman Wright, *Making Peace with Your Past*（Grand Rapids: Baker/Revell, 1985）, pp. 66-69，改

寫過。中文版：《別跟過去過不去》。

33. Richard P. Walters, *Anger, Yours and Mine and What to Do About It*（Grand Rapids: Zondervan Publishing House, 1981）, pp. 150-51.

34. Judson Edwards, *Regaining Control of Your Life*（Minneapolis: Bethany House Publishers, 1989）, pp. 15-16.

35. Georgia Witkin-Lanoil, *The Female Stress Syndrome: How to Recognize and Live with It,* 2nd ed.（New York: New Market, 1991）, pp. 16-17，改寫過。

36. Sheila West, *Beyond Chaos: Stress Relief for the Working Woman*（Colorado Springs: NavPress, 1992）, p. 104，改寫過。

37. 同上註，pp. 106-07.

38. Witkin-Lanoil, *Female Stress*, pp. 118-19，改寫過。

39. 同上註，pp. 125-26.

40. 同上註，pp. 118-21.

41. American Psychological Association National Task Force on Women and Depression, "Women and Depression: Risk Factor and Treatment Issues"（Washington D.C.: The American Psychological Association,

1990）; as cited in Witkin-Lanoil, *Female Stress*, p. 122.

42. *Keri Report*, "The State of American Women Today"（Bristol-Meyer, 1991）.

43. L. Dotto, *Losing Sleep*（New York: William Morrow, 1990）.

44. 改寫自A.T. Oafexis, "Drowsy America," in *Time*, December 1990, p. 78.

45. Ellen McGraw, *When Feeling Bad Is Good*（New York: Henry Holt & Co, 1992）, p. 206，改寫過。

46. *Keri Report*, pp. 132-33，改寫過。

47. 同上註，p. 91.

48. 同上註，p. 102.

49. Gary J. Oliver and H. Norman Wright, *Good Women Get Angry*（Ann Arbor, MI: Servant Publications, 1995）, pp. 124-31，改寫過。

50. Lloyd John Ogilvie, *God's Best for My Life*（Eugene, OR: Harvest House, 1981）, February 3.

51. 這些建議擷取自Archibald Hart, *Preventing Burnout and Stress*（Fuller Seminary Alumni Report, March 1984）p. 20.

52. Richard F. Berg, C.S.C. and Christine McCartney, *Depression and the Integrated Life*（New York: Alba House, 1981）, pp. 34, 35，改寫過。

53. Julia Thorne with Larry Rothstein, *You Are Not Alone*（New York: Harper Collins, 1992）, p. 129.

54. Brenda Poinsett, *Why Do I Feel This Way?*（Colorado Springs: NavPress, 1996）, pp. 36, 37，改寫過。

55. McGraw, *Feeling Bad*, pp. 22-25，改寫過。

56. Poinsett, *Feel*, p. 17，改寫過。

57. McGraw, *Feeling Bad*, p. 17，改寫過。

58. Maggie Scarf, *Unfinished Business: Pressure Points in the Lives of Women*（New York: Doubleday, 1985）, pp. 86-87.

59. Poinsett, *Feel*, pp. 98, 99，改寫過。

60. 同上註，pp. 82-83.

61. 同上註，pp. 86-87，改寫過。

62. 同上註，p. 44.

63. McGraw, *Feeling Bad*, pp. 34-39，改寫過。

64. 同上註，p. 46.

65. Ellen McGraw, et al., *Women and Depression: Risk Factor and Treatment Issues*（Washington D. C.: American Psychological Association, 1990）, p. 2，改寫過。

66. D. F. Papolos and J. Papolos, *Overcoming Depression*（New York: Harper & Row, 1988）, p. 47，改寫過。

67. M. Goed, *The Good News About Depression*（New York: Bantam, 1986）, pp. 195-203，改寫過。

68. McGraw, *Feeling Bad*, pp. 75-86，改寫過。

69. 同上註，pp. 154-78，改寫過。

70. 同上註，p. 223，改寫過。

71. Terrence Real, *I Don't Want to Talk About It*（New York: Scribner, 1997）, pp. 40-41, 改寫過。

72. 同上註，p. 148，改寫過。

73. Poinsett, *Feel*, pp. 115-17，改寫過。

74. 同上註，pp. 131-32.

75. "And the Father Will Dance." 歌詞摘自西番雅書3:14,17和詩篇54:2,4. Arranged by Mark Hayes.

76. Dick Dickinson, INTERFACE *Psychological Services*（Fullerton, CA）.

國家圖書館出版品預行編目資料

情緒，如何療癒：憂慮、憤怒、壓力和憂鬱的15個情緒解答
諾曼・萊特(H. Norman Wright) 著；劉如菁 譯
初版. -- 臺北市 :
宇宙光全人關懷 , 2021.01
224面 ;15×21公分 (心理・輔導；12)
譯自：Winning over Your Emotions

ISBN 978-957-727-591-2 (平裝)
1. 情緒管理 2. 心理輔導
176.52 109021194

情緒，如何療癒

憂慮、憤怒、壓力和憂鬱的 15 個情緒解答

作者／諾曼・萊特
翻譯／劉如菁
責任編輯／王曉春
美術設計／好春設計 ・ 陳佩琦

總編輯／金薇華
主編／王曉春
資深編輯／張蓮娣
編輯／郭美鈞
網頁編輯／王品方

發行人／林治平
出版發行／財團法人基督教宇宙光全人關懷機構
地址／臺北市和平東路二段 24 號 8 樓
電話／ 02-23632107 傳真／ 02-23639764
網站／ www.cosmiccare.org/book
郵政劃撥／ 11546546（帳戶／宇宙光全人關懷機構）

承印廠／辰皓國際出版製作有限公司
經銷商／貿騰發賣股份有限公司 www.namode.com
電話：02-82275988

2021 年 1 月 25 日 初版 1 刷
定價：350 元